CB017427

Música de Invenção 2

COLEÇÃO SIGNOS/MÚSICA

DIRIGIDA POR

livio tragtenberg
gilberto mendes (1922-2016)
augusto de campos
lauro machado coelho

EDIÇÃO DE TEXTO:
mariana munhoz

REVISÃO DE PROVAS
luiz henrique soares

PROJETO GRÁFICO
lúcio gomes machado

COMPOSIÇÕES E MONTAGENS FOTOGRÁFICAS
augusto de campos,
com material de sua coleção particular ou disponível na Internet

PRODUÇÃO
ricardo w. neves, luiz henrique soares,
elen durando, sergio kon e lia n. marques

MÚSICA DE INVENÇÃO 2

AUGUSTO DE CAMPOS

 PERSPECTIVA

Dados Internacionais de Catalogação
na Publicação (CIP)
(Câmara Brasileira do Livro, SP, Brasil)

C21m
    Campos, Augusto de, 1931-
    Música de invenção 2 / Augusto de Campos. - 1. ed. - São Paulo :
Perspectiva, 2016.
    144 p. : il. ; 21 cm (Signos música ; 16)

    Sequência de: música de invenção
    ISBN 978-85-273-1050-5

    1. Música. 2. Música popular - Brasil. I. Título. II. Série.

16-30873
                    CDD: 781.653
                    CDU: 785.161

02/03/2016   02/03/2016

Direitos reservados à
EDITORA PERSPECTIVA LTDA.
Rua Augusta, 2445,cj.1
01413-100 – São Paulo – SP – Brasil
Tel.: (011) 3885-8388
2021

Ao supervisor musical da National Broadcasting Company, sr. Walter
E. Koons, que lhe solicitara uma definição de música, para uma enquete
que visava a explicar "essa 'coisa' misteriosa a que chamamos música" (e
sobre a qual já se haviam pronunciado 170 personalidades, entre as quais
Einstein, Bernard Shaw, Aldous Huxley e Rachmaninoff), respondeu Arnold
Schoenberg com uma breve carta que terminava com esta estorinha:

Um cego perguntou ao seu guia: – Como é o leite?
O guia respondeu: – O leite é branco.
O cego: – O que é esse 'branco'? Diga-me uma coisa que seja branca!
O guia: – Um cisne. É inteiramente branco e tem um pescoço branco, longo e curvo.
– ...Pescoço curvo? Como é isso?
O guia, imitando com seu braço a forma do pescoço de um cisne, fez com que
o cego apalpasse a forma do seu braço.
O cego (percorrendo suavemente com sua mão o braço do guia):
– Agora sei como é o leite."

SCHOENBERG
(*Cartas*, abril de 1934)

Sumário

Musicamenos (Introdução)

Este novo livro vem complementar o primeiro *Música de Invenção*, coletânea dedicada exclusivamente à música erudita. O que está na introdução daquele volume vale para este.

Dirão que é um livro idiossincrático. É. Não sou nem pretendo ser historiador de música ou musicólogo de profissão. Tento apenas fornecer alguns exemplos de compositores que palmilharam novos caminhos, compositores-inventores, na maioria esquecidos ou marginalizados pelo temor que têm as entidades empresariais de divulgar as realizações da música erudita moderna e pelo distanciamento do público, supostamente desinteressado por qualquer coisa que não se limite aos estereótipos da música clássico-romântica e da canção popular. Penso que o público pode mais, se for informado.

Como organizar esse pequeno caos – "musicaos", como o venho chamando de longa data? Preferi manter o mais possível a ordem cronológica em que foram publicados os textos, que revi para a presente publicação, fazendo aqui e ali mínimas alterações, até porque alguns saíram truncados ou reduzidos, ou tiveram ainda seus títulos trocados, quando impressos pela primeira vez. Mas dei-me a liberdade também de dispensar essa ordem quando os artigos me pareceram melhor situados no contexto geral (as datas de publicação são sempre indicadas em cada artigo).

As minhas incursões erráticas – quase sempre movidas pelo que Ezra Pound chamou de crítica *stop gap*, tapa-buracos ou fura-bloqueios – não têm, portanto, qualquer pretensão diacrônica.

O livro começa, propositalmente, com os meus dois últimos artigos publicados sobre música, "Cruzadas, Cruzamentos e Encruzilhadas" e "Black on Black White on White", que misturam o erudito e o popular, suplementando de alguma forma esta introdução no sentido de postular uma visão abrangente dos dois ramos de expressão musical. Vários deles foram publicados na Internet. Com isso acabei ganhando o que inevitavelmente perco aqui: a possibilidade de ilustrá-los com vídeos musicais que hoje circulam livremente pela rede digital contendo exemplos das obras neles mencionadas. Quando publiquei a primeira edição de *Música de Invenção* me senti um tanto frustrado por achar que só eu e raros especialistas tínhamos acesso às obras a que me referia. Hoje se encontram na Internet inúmeras amostras de todos aqueles compositores e também dos que aqui se incluem. É a tábua de salvação da música moderna e contemporânea, a mais desprezada por nossas gravadoras e orquestras, as quais, em pleno século XXI, continuam pulando o XX e preferindo o XIX. Mais de dez anos se passaram desde a publicação da maioria dos artigos aqui reunidos. Novos estudos e novas execuções e gravações, muitas delas reveladas na Internet, apareceram desde então. Procuro atualizar as minhas informações, o quanto possível, nas notas deste volume.

Em 2012, ocorreu o centenário do *Pierrot Lunaire* de Schoenberg – uma das obras fundamentais da música do nosso tempo, hoje com dezenas e dezenas de gravações em todo o mundo, mas só uma vez editada aqui e raramente executada. Graças à sensibilidade do poeta e designer André Vallias pude resgatar no ano seguinte a gravação da segunda das históricas apresentações em português que a peça teve no Brasil, em 1978 e 1980. Esse momento mágico da música moderna pode ser fruído no portal que ele dirige – www.erratica.com.br –

onde se ouvem toda as canções, a par dos respectivos textos em português que publiquei no primeiro volume de *Música de Invenção*.

Vertidos por mim, esses textos foram apresentados em dois espetáculos, no Museu de Arte de São Paulo (1978) e no Festival de Inverno Campos de Jordão (1980), sob a regência de Ronaldo Bologna, com a soprano Edmar Ferretti como intéprete do "cantofalado" e um conjunto instrumental formado por músicos da Universidade de São Paulo. A memória desses eventos teria desaparecido se eu não tivesse guardado as cópias K-7 que o maestro me forneceu na época. A gravação que se ouve é a do concerto de 1980, a que melhor se preservou. Completam o registro alguns momentos de um ensaio realizado pela cantora em minha residência, em 1978 – leituras de particular interesse para o entendimento dessa nova modalidade de interpretação vocal, criada por Schoenberg. Entre nós quase não foi lembrado o centenário dessa obra-chave do mais combatido compositor de todos os tempos. Aquele que dizia: "Todos os caminhos levam a Roma, menos o do meio." Berço esplêndido.

Augusto de Campos

1.

Cruzadas, Cruzamentos
e Encruzilhadas[1]

PORGY: Oh, little stars, little stars,
roll, roll, roll me some light!
[Throws]
'Leven little stars, come home, come home!

GERSHWIN/DU BOSE HEYWARD

– Are you talking about the new Jerusalem?
– I'm talking about injustice."

JAMES JOYCE

experimenting is being young

ERYKAH BADU

Não me passou pela cabeça fazer uma coletânea abrangente sobre música popular moderna brasileira quando inseri meus textos em *Balanço da Bossa*, livro que organizei em 1968, e no qual incluí alentados ensaios de Brasil Rocha Brito e Julio Medaglia, estes, sim, sistemáticos em relação aos temas da Bossa Nova e depois. Nunca me pretendi um autor de estudos diacrônicos, nem mesmo em literatura ou em poesia. Nem sinto que seja esse o meu papel. A minha é guerra de guerrilhas. Lutei no momento certo por quem precisava de luta. No caso, os jovens da Tropicália. Humanunanimidades não necessitam de defesa.

Música de Invenção, que publiquei em 1998, não seguiu roteiro diferente, preludiado por *...E Outras Bossas*, suplemento aditado em 1974 ao *Balanço*, para enxertar um tanto insolitamente Charles Ives e Anton Webern, Gilberto Mendes e os jovens compositores do grupo

1 Publicado na revista eletrônica *Cronópios – Literatura Contemporânea Brasileira*, em 5 de janeiro de 2009.

da Música Nova na discussão das cruzadas e encruzilhadas musicais que então se cruzavam.

Do *hochetus* ao hip-hop, do medieval ao midiático, nunca fiz diferença entre eruditos e não eruditos. Sou fã de Machaut e Missy Eliott. De Erik Satie e Erykah Badu. No fundo, as duas vias se imbricam na minha mente e sempre caminharam paralelo-interceptantes, valendo a terminologia apenas como qualificadora de gêneros e linguagens. As duas oitavas de Billie Holiday e as macro--oitavas microtonais e guturais de Janis Joplin sobrelevam as quatro oitavas da esplêndida soprano negra Barbara Hendricks (não Hendrix), quando cantam "Summertime". Barbara é bárbara, mas poderia ser substituída por outras grandes damas do canto lírico sem maior dano. Billie e Janis têm "duende". Como a extraordinária "cantaòra" Niña de los Peines, a quem Garcia Lorca assim qualificou, quando a assistiu, certa vez, cantando: "sem voz, sem alento, sem matizes, com a garganta abrasada, mas... com duende." *Id est*: com soul. Desempostadas, são mais espontâneas, pessoais e livres. Insubstituíveis. O soluço do soul derruba prateleiras e partituras.

E ninguém sabe para onde iria o lance de dados ingênuo-genial ("Da-doo-da. Da-doo-daa... Roll dem bones, roll dem bones, roll, roll...O, little stars") de *Porgy and Bess* (1935), quando Gershwin morreu, precocemente, dois anos depois. A ópera, tão bela, foi recebida com reservas por Virgil Thomson, talvez porque este precedera Gershwin ao programar só para cantores negros, um ano antes, a ópera *Four Saints in Three Acts*, com texto de Gertrude Stein. Obviamente sem o mesmo êxito, apenas com "sucesso de estima" (e Gershwin estava presente à estreia). Nenhum santo, no entanto, em *Porgy & Bess*. Coca rolando em cena em *script* e *sniffs*. Nem falar da beleza inata das composições. "Summertime", a hipercanção negra que o branco-russo Gershovitz fez para a brancanegra Janis arrancar das entranhas nos áureos *hiperhippie's* 1968. O choro-ruído da viúva na ária "My Man's Gone", com seus *glissandos* cromáticos entre o som e o gemido. "Buzzard Song", a canção do abutre, de inflexões melódicas agudizadas pelo grito. Os pregões de rua janequinianos (de Clement Janequin, 1485-1558) – "strawbéééérrries" – arrítmicos, entre a fala e a melodia sincopadas. As incríveis interpretações não ortodoxas das principais passagens da ópera por Ray Charles, secundado pela voz refinada e de larga tessitura de Cleo Laine (também intérprete de *Pierrot Lunaire*), acentuam a potencialidade subversiva dessas ousadias musicais, puxando-as para o microtom e o *rubato* de uma falacanto improvisada e imprevisível.

Gershwin compunha por INSpiração. Geneticomposição. As melodias baixavam nele como os sonetos a Orfeu e as elegias de Duíno em Rilke. De estalo, já prontas. *Rhapsody in Blue* baixou no trem, uma semana antes, e ele tocou o solo de piano sem partitura, na estreia, improvisando aqui e ali.

Ao receber a notícia da morte do autor de *Rhapsody in Blue*, seu amigo pessoal, Schoenberg, depôs para a rádio em 12 de julho de 1937. Suas palavras despreconcebidas e comoventes podem ser ouvidas na Internet, em <www.schoenberg.at>. Um trecho: "Para ele [Gershwin] a música era o ar que respirava, o alimento que o nutria, o sonho que o revigorava [...] Autenticidade dessa espécie só é dada aos grandes homens. E não há dúvida de que ele era um grande compositor."

Sua defesa de Gershwin, não só como compositor de mérito, mas como inovador, tem sido pouco realçada. Chegou a orquestrar os três prelúdios para piano publicados em 1926 pelo compositor americano, sobre o qual escreveu, em 1937, ano de sua morte:

Muitos músicos não consideram George Gershwin um compositor sério. Mas eles deveriam entender que, sério ou não, ele é um compositor – isto é, um homem que vive em música e expressa qualquer coisa, séria ou não, profunda ou superficial, por meio da música, porque ela é a sua linguagem natural. Há um bom número de compositores sérios (segundo eles acreditam) ou não (como eu sei), que aprenderam a juntar notas umas às outras. Mas eles só são sérios por conta de uma perfeita falta de humor e de alma. Parece-me que só essa diferença já é suficiente para justificar que se chame a um de compositor, mas a outro não.

Um artista, para mim, é como uma macieira. Quando a estação chega, quer queira ou não, ela começa a florir e a produzir maçãs. E, como uma macieira, nunca se pergunta que valor os especialistas do mercado vão atribuir ao seu produto, de modo que um real compositor não se pergunta se os seus produtos vão agradar aos especialistas em música séria. Ele simplesmente sente que tem algo a dizer e o diz.

Para mim, é fora de dúvida que Gershwin foi um inovador. O que ele fez com o ritmo, a harmonia e a melodia não é apenas estilo. É fundamentalmente diverso do maneirismo de muito compositor sério. Esse maneirismo é baseado em pressuposições artificiais obtidas pela especulação e são conclusões extraídas de modismos e metas correntes entre compositores contemporâneos em certas épocas. Esse estilo é uma união superficial de artifícios aplicados a um mínimo de ideias, sem qualquer causa ou razão interiores. Tal música poderia ser partida em pedaços e rejuntada de modo diferente e o resultado seria o mesmo nada expresso por outro maneirismo.

Não se poderia fazer o mesmo com a música de Gershwin. Suas melodias não são produto de uma combinação, nem de uma união mecânica, mas são unidades e não poderiam, portanto, ser cortadas em pedaços. A melodia, a harmonia e o ritmo não são soldados uns aos outros, mas fundidos. Não posso dizê-lo com segurança, mas imagino que ele as improvisava no piano. Talvez ele lhes desse mais tarde o último retoque; talvez gastasse muito tempo para trabalhá-las mais de uma vez – eu não sei. Mas a impressão é de uma improvisação, com todos os méritos e deficiências que pertencem a essa espécie de produção. Sob esse aspecto, o efeito é comparável ao de uma alocução, que pode desapontá-lo quando você a lê e examina com uma lente de aumento – perdemos o que nos tocou tanto, quando estávamos dominados pelo encanto da personalidade do orador.

Talvez seja preciso acrescentar algo de si mesmo para recuperar o primeiro efeito. Mas é sempre assim com a arte – extraímos de uma obra quase tanto quanto somos capazes de dar a ela de nós mesmos. Eu não falo aqui como um teórico musical, nem sou crítico, e portanto não sou forçado a dizer se a história vai considerar Gershwin uma espécie de Johann Strauss ou Debussy, Offenbach ou Brahms, Lehar ou Puccini. Mas eu sei que ele é um artista e um compositor: que expressou ideias musicais, e que elas eram novas, assim como o modo pelo qual as expressou.

A citação é longa, mas as palavras sábias demais para que possam ser cortadas.

Rhapsody in Blue começa com um *glissando* escrito especialmente para Ross Gorman, primeiro clarinetista da orquestra de Paul Whiteman. Replica da era do jazz à flauta-solo de *Après Midi d'un Faune* e ao hiperfagote da *Sagração da Primavera*. Uma escala de dezessete notas ascendentes seguida de um portamento, que Ross achava impossível de tocar e que o próprio Gershwin classificou de "hipertiroideana e histérica". Conta-se que Gershwin passou horas ensaiando com Ross, o único então capaz de sustentar as notas... O *blue* do título não é só musical. Sugestão de Ira Gershwin, associa-se aos títulos musicais que dava, inversamente, aos seus quadros o pintor estadunidense James Whistler, admirado por Mallarmé e por Pound. A primeira versão de Ferd Gofré para orquestra de jazz é muito mais ácida e atrevida que a sinfônica.

Mais intuitiva e instintiva, a música popular nos leva do corpo à vida, à vivência, aos afetos. A erudita nos eleva a outras paisagens imaginárias, que merecemos vislumbrar: tem algo a ver com o aquém ou o além-vida. Ambas nos põem em harmonia com o universo. Com o "om" do homem – "animal de fondo", para usar uma expressão do poeta Juan Ramón Jimenez.

Não faria mal aos músicos populares, ao menos aos mais cultivados, que fossem mais curiosos a respeito do que se passa na outra margem do abismo comunicativo que aparta, injustamente, essas irmãs siamesas, em desfavor das criações mais complexas, praticamente inviabilizadas no Brasil, e de quem quer que ouse cruzar as linhas. Por que não se interessar pelos inventores e mestres da música-pensamento? Talvez até realimentar as suas criações, arejando-as com novas liberdades, como os eruditos o fizeram com o jazz, sem descaracterizar-se? Contribuiriam, no mínimo, para a diminuição do fosso que há entre uma e outra música. "Experimenting is being young", disse Erykah, e "Are you afraid of change?", "Real music needs no approval". E o velho Ez, "Curiosity, curiosity". E isso vale para todos.

Compositores famosos, desde Debussy, Satie ou Ives, Stravínski ou Berg, se inspiraram no jazz, e mesmo o mais distanciado Webern, não deixou de fazer uso de um suspeito saxofone pré-*cool* no seu maravilhoso Quarteto, op. 22. Outros, também grandes mas menos conhecidos, se abeberaram nas mesmas fontes. Mais recentemente redescobriu-se Conlon Nancarrow, entre nós praticamente ignorado. Ex-trumpetista, suas rajadas pianolísticas de *glissandos* e plurian-damentos são devedoras – conforme testemunho dele próprio – da linguagem pianística de Art Tatum. Menos conhecido ainda, Henry Brant, compositor canadense, pioneiro da música "espacial", chegou a misturar numa mesma obra duas ou mais orquestras eruditas e de jazz tocando autônoma e simultaneamente. Morreu, em abril do ano passado, aos 94 anos, sem qualquer registro entre nós.

E há os compositores eruditos, também marginalizados, que não têm nada a ver com música popular, mas que, quando desco-nhecidos, empobrecem a vida e a alma. É o caso da russa Galina Ustvólskaia, cujo falecimento aos 87 anos foi também desdenhado pela nossa mídia escrita, falada e televista. Morreu nos mesmos mês e ano (dezembro de 2006) e quase no mesmo dia em que faleceu o nosso Braguinha, 99, com noticiário merecidamente amplo.

O singelo obituário que encontrei na Internet e que ilustra este texto poderia ser um poema-epitáfio *ready-made* duchampiano para Ustvólskaia, a "dama do martelo", reprimida pelo stalinismo e pelo pós-stalinismo em seu país, até ser reabilitada na última década do século XX. Ainda hoje, as orquestras russas que vêm ao país requen-tam Tchaikóvski, Rachmanínov e Shostakóvitch. Devem achar que é o mesmismo que merecem a ignorância e o conformismo de um país como o nosso, se é que os próprios merecem coisa melhor.

À busca de notícias internacionais da rede sobre a morte de Ustvólskaia, deparei-me, casualmente, com uma pequena reportagem que documentava a inauguração da estátua erguida em homenagem à extraordinária poeta russa, a suicida Marina Tzvietáieva, raro emblema da recusa ético-estética. Monumento solitário frente às águas do rio, em Tarusa, cidade amada por ela. Cercavam texto e foto de Marina, esmagadoras, várias outras notas sobre Madonna e o veto do Congresso russo à sua intenção de participar de um voo espacial. Pela primeira vez negavam espaço à Evita Futura dos nossos tempos, a malabarista dos sonhos coletivos da "eterna juventude".

Estátua viva. Só lhe falta voz. *Id est*: a voz até que é afinadinha, mas não tem "duende"... Como "nobody is perfect", é minusculina.

As grandes cantoras não precisam de malhação "artística" nem de aeróbica erótica. Basta uma flor no cabelo. Música e não músculos. E se a música pede dança ou corpo, não dançam a sua plástica. Dançam e pulsam o coração da música. Tina. Janis. Badu. Amy. Joss. James Brown para Joss Stone: – Screeeeeeeeeeeeeeeeeam, Josshhh!!! ("apud" YouTube, vários vídeos).

Gershwin queria estudar com Debussy, Stravínski e Ravel, e Alban Berg o ouviu com entusiasmo em Viena. E quando pediu a Schoenberg, seu colega de tênis em Hollywood, que lhe desse aulas, o compositor austríaco se recusou a fazê-lo, dizendo: "Eu só o tornaria um mau Schoenberg e você já é um Gershwin tão bom..." Pintor amador, como Schoenberg, realizou, em 1937 (pouco antes de ser vitimado por um tumor cerebral, aos 49 anos), um significativo retrato a óleo do criador da música dodecafônica.

Schoenberg, por seu turno, numa de suas últimas cartas, escreveu, não sem um sorriso: "Eu só queria ser um Tchaikóvski, mas de melhor qualidade." Em 1935, aceitou dar aulas gratuitas a um paupérrimo John Cage, que chegara a sustentar-se como jardineiro e lavador de pratos, sob a condição de que dedicasse a sua vida à música. Cage cumpriu. Ao contrário de Gershwin, não era rico nem famoso. E não tinha nenhuma vocação para a harmonia, para desgosto do severo professor.

Conta Darius Milhaud (compositor, aliás, muito influenciado pelo jazz e pouco pela Segunda Escola de Viena) que, em conversa com Schoenberg, assegurou-lhe, respeitosamente, que então, em meados de 1940, havia uma escola dodecafônica florescente, mas de princípios muito rígidos a partir do método serialista. "*Ach so*", replicou um irônico Schoenberg, afetando interesse: "Mas será que eles também fazem música?"

Uma dica. Querem ficar deslumbrados com uma composição quase-dodecafônica? Acessem o YouTube e procurem, no canal de Schoenberg, pelo vídeo intitulado "Arnold Schoenberg: Serenade op. 24 (Excerpts)". E ouvejam um fragmento do Movimento 5 ("Cena de

George Gershwin pintando o
retrato de Schoenberg (1937).

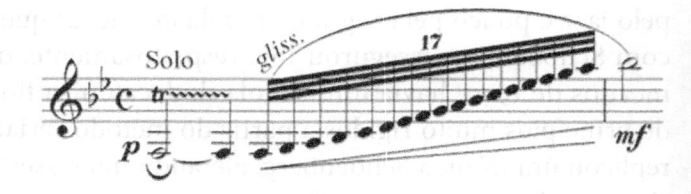

Abertura de *Rhapsody in Blue*
(solo de clarineta).

search: galina ustvolskaya 87 forceful russian composer dies

Galina Ustvolskaya, 87, Forceful Russian Composer, Dies

Galina Ustvolskaya, a **Russian composer** of expressive and often **forceful** works who studied with Shostakovich, and whose music has found an enthusiastic audience in the West since the early 1990s, died on Dec. 22 in St. Petersburg, Russia. She was **87**.

Score: 17.67- in *Arts & Culture* via New York Times @ 5:04 29th Dec - Related

Composer Galina Ustvolskaya Dies at 87

Galina Ustvolskaya, one of the last of the great modernist composers of Russia's Soviet era, died in her lifelong home of St. Petersburg on Friday (December 22). She was **87** years old and had been suffering from the aftereffects of a cardiac infarction on December 17. Word of her death was announced on the website of her publisher, Musikverlage Hans Sikorski, and first reported in English by Alex Ross on the blog The Rest Is Noise.

Score: 11.45- in *Arts & Culture* via Playbill Arts @ 12:01 27th Dec - Related

Composer Daniel Pinkham Dies

Composer Daniel Pinkham, who shared his music with peers and students at the New England Conservatory and the King's Chapel in Boston, Massachusetts since the late 1950s, has died. He was 83.

Score: 4.56- in *Arts & Culture* via Post Chronicle @ 12:01 22nd Dec - Related

Iranin composer Babak Bayat dies at 60

TEHRAN, Nov. 26 (Mehr News Agency) -- After about two months in Tehran's Iranmehr Hospital for his liver insufficiency, prominent Iranian **composer** Babak Bayat died on Sunday.

Score: 4.19- in *Arts & Culture* via Payvand Iran News @ 1:05 27th Nov - Related

Famed Brazilian composer Braguinha dies

RIO DE JANEIRO, Dec. 25 (UPI) -- Famed and beloved Brazilian **composer** Braguinha has died from multiple organ failure, O Globo newspaper reported Monday. He was 99.

Score: 4.16- in *Arts & Culture* via Daily India @ 21:10 25th Dec - Related

Notícia de falecimento de Galina Ustvólskaia

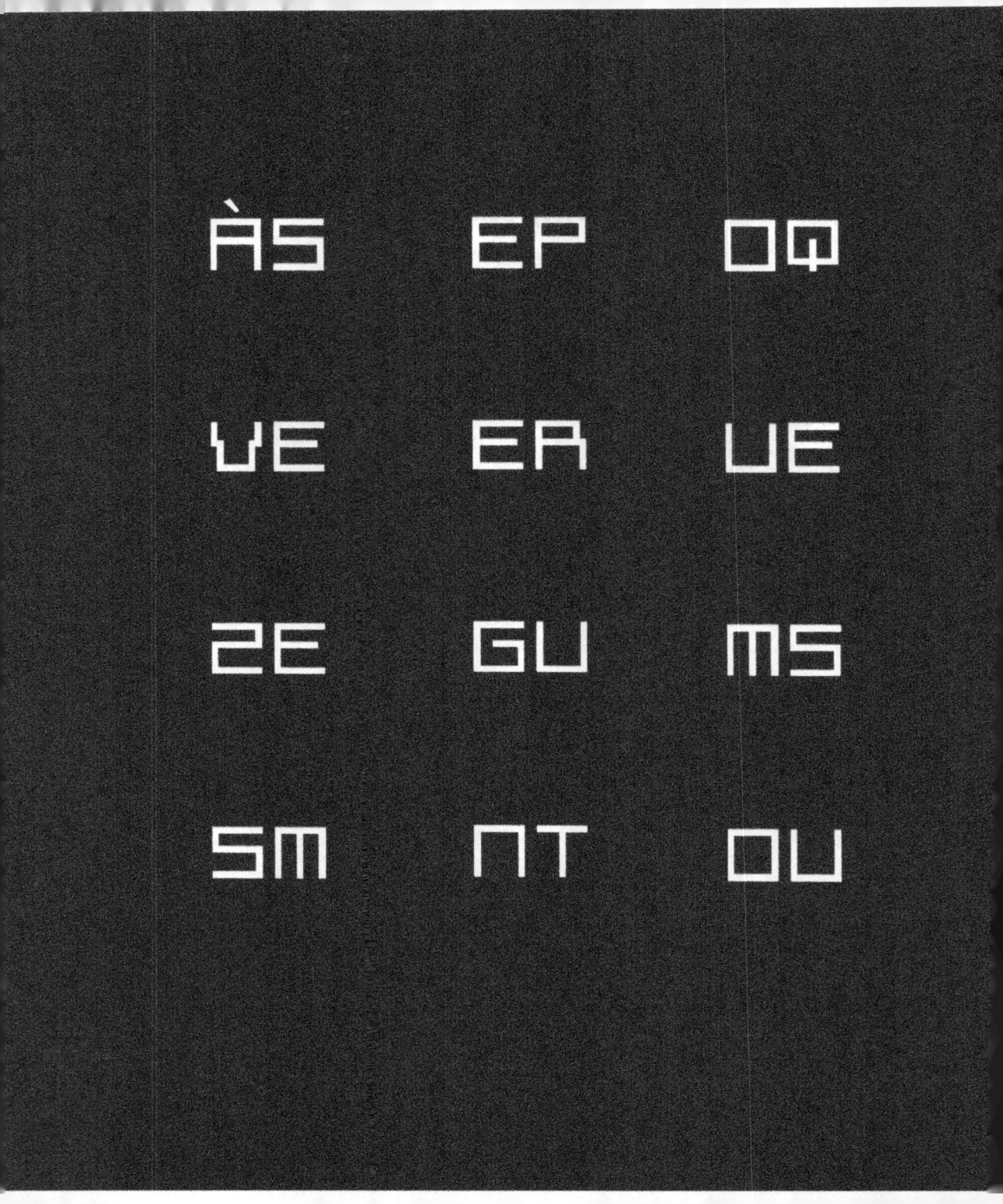

Dança"), da Serenata, op. 24 de Schoenberg, para mandolina (bandolim), clarineta, clarineta-baixo, violão, viola e violoncelo. Trata-se de uma execução ao vivo, nos jardins da casa do compositor em Mödlin, no ano de 2005. Só três minutos e vinte segundos de valsa "das esferas". Com direito a passarinhos.

Nunca houve músico tão vilipendiado como ele. Irritado pelas expressões com que um jornal anunciou a sua última conferência, em 1949, na Universidade da Califórnia, em Los Angeles, mencionando-o não como compositor, mas como "famoso teórico e controvertido expoente do mundo musical, conhecido por sua influência na música moderna", Schoenberg começou a falar com seu inglês arrastado: "I wonder sometimes who I am". Reportando-se, com humor, à notícia jornalística, acrescentou: "Até então eu pensava que compunha música para vários gostos..." (Risos da plateia). A seguir, contou uma historinha que teria acontecido cinquenta anos antes, com o imperador Francisco José I da Áustria, por ocasião de cerimônia pública em uma universidade. Como de praxe, o catedrático dirigia-se, reverente, ao imperador e voltava-se em seguida ao público: "Majestade, este é o sr. X, o grande industrial etc." E assim por diante. Ao fim das várias apresentações, disse o imperador, em voz baixa. "Bem, agora espero que os cavalheiros saibam quem eu sou...". "Cinquenta anos depois" – prosseguiu Schoenberg – "acho que também sei quem eu sou." E iniciou a palestra sobre a sua evolução musical.

A minha "intradução: dodeschoenberg" (ilustração ao lado) é uma homenagem à fina ironia do temível inventor do dodecafonismo, mas principalmente ao Schoenberg menos conhecido: o magnífico e inspiradíssimo compositor.

São temas e autores que – volto a acentuar – sempre estiveram entrelaçados em minha cabeça-coração. Fala por si só a (des)ordem em que publiquei uma série de artigos na revista *Somtrês*: "Uma Proeza: A Música de Provença"[2]; "Lady Day: Necessária, Essencial, Inimitável"[3], com o título original "Billie: O Que É Só Seu"; "*Pierrô*

---

2 n. 5, maio 1979. Ver *Música de Invenção*, p. 19.
3 n. 7, jul. 1979.

Lunar no Brasil"[4]; "A Música Livre de Amanhã"[5], sobre John Cage; "De Repente, o Repente"[6], sobre cantadores de feira e "emboladores" nordestinos; "A Revolução Desconhecida de Webern"[7]; "Poor Bob, o Maior Cantor de Blues"[8]; "Satie, o Velhinho-Prodígio da Música"[9]; "Smetak, Para Quem Souber"[10]; "O Som da Geração Perdida"[11], sobre Pound, Antheil, Virgil Thomson e Gertrude Stein e suas "óperas"; "Meio Século de Silêncio"[12], sobre Webern e Varèse.

Haverá quem se pergunte o porquê da minha obstinada insistência na música erudita, nos últimos tempos e artigos. É simples: continuo em estado de choque diante da supressão agressiva da informação e da escuta da música moderna e/ou dita "contemporânea", a música de invenção que foi produzida, nessa área, nos últimos cem anos. Em vez de melhorar, a situação piorou. A mídia nunca fez tanta média. Uma rara coletânea de música erudita, oferecida ao público pela *Folha de S.Paulo* em 2005, em bem editados livros-CDs, empacou na esplêndida, mas ultraconhecida, *Sagração da Primavera* de Stravínski, servida com *O Pássaro de Fogo* para adoçar os ouvidinhos mais delicados. Décadas antes, em 1980, na série de música erudita publicada em LPs pela editora Abril, ao menos se chegava ao mais desconhecido *Pierrot Lunaire* de Schoenberg (1912), um dos pilares da arte musical do nosso tempo[13]. Ninguém se interessou por levar ao disco as duas gravações pioneiras do *Pierrô* (1979-1980) com o texto alemão vertido para o português, sob a regência de Ronaldo Bologna, com a soprano Edmar Ferreti e excelentes músicos. O pessoal do rap ia gostar...

---

4 n. 9, set. 1979. Ver *Música de Invenção*, p. 37.
5 n. 12, dez. 1979. Ver *Música de Invenção*, p. 127.
6 n. 19, jul. 1980.
7 n.14, fev. 1980. Ver *Música de Invenção*, p. 95.
8 n. 26, fev. 1981.
9 n. 17, maio 1980. Ver *Música de Invenção*, p. 73.
10 n. 22, out. 1980. Ver *Música de Invenção*, p. 85.
11 n. 28, abr. 1981. Ver *Música de Invenção*, p. 23.
12 n. 35, nov. 1981 Ver *Música de Invenção*, p. 127.
13 Uma nova "Coleção Folha", retratando a vida e a obra de 25 compositores, "Mestres da Música Clássica", repetiria a receita anterior, de dez anos atrás. A coletânea termina com Stravínski e Villa-Lobos. Em 2014!!!!!!!!! É um escândalo de ignorância musical e menosprezo pela inteligência do público.

Ressalvadas as nobres iniciativas de uma ou outra instituição especializada, parece que ainda vivemos no século XIX. O ouvinte potencial é tratado como incapaz, curatelado por empresas e empreendimentos que partem do pressuposto de que se está diante de uma plateia deficiente artístico-auditiva, inabilitada-crônica para escutar peças produzidas há quase um século, várias já consideradas "clássicas" por qualquer conhecedor mediano de música erudita. Mais ou menos o mesmo acontece com os poucos programas de rádio que se dedicam a ela: com raras exceções, o que se ouve é música dos séculos XVIII e XIX, especialmente as composições mais surradas. Os séculos anteriores ao "barroco" não existem; o XX, então, servido em colheres de café, é quase sempre representado por obras já muito assimiladas e difundidas, de preferência as consideradas menos ofensivas. A rádio de música "clássica" (mais "romântica" do que clássica) é uma extensão de academias, ademanes e medos generalizados. Nem falo das outras rádios presididas pelo deus Jabá. O mundo mudou. Rajadas de rock e eletronia estouraram os ouvidos e a *Sagração da Primavera* (1913), eleita como obra-limite das nossas menos aterrorizadas aventuras discográficas na área da música mais complexa, já era reapresentada com sucesso pelo camundongo Mickey no célebre filme *Fantasia* de Walt Disney, em 1940. O *Canto dos Adolescentes* (1958) de Stockhausen já devia estar, há muito, nas bancas. Mas, pós-tudo, persistem em nos oferecer o mesmo cardápio do banquete requentado dos séculos pré-passados e mal-passados. "I'm talking about injustice."

Continuo esperando que essas minhas incursões erráticas, como sempre não solicitadas e certamente impertinentes num campo que não é o meu, possam contribuir de alguma forma para o propósito principal dos meus escritos, que é o de acoroçoar os amantes da arte a buscar experiências novas, palmilhar selvas selvagens sonoras e não apenas recostar-se nos colchões cariciosos ou nas infusões e efusões estimulantes da música de entretenimento, sal da nossa vida, mas frequentemente ópio da nossa imaginação. Quem sabe se dos "buracos negros" destas minhas emissões perdidas resulte alguma respiração nova no universo ar-condicionado e superprotegido das nossas instituições e personalidades musicais.

Como Maiakóvski, estou em dívida com os lampiões da Broadway, as cerejeiras do Japão e toda a eternidade a que eu não pude dar a sobra de uma ode. Sou devedor eterno de muitos músicos sobre os quais eu gostaria de ter escrito ou ter escrito mais. De Perotinus a Janis Joplin, de Gesualdo a James Brown, de Gilberto Mendes a Jimi Hendrix, menos ou mais conhecidos, sobre os quais ensaiei algumas ideias sem chegar a dar *corpus* a um texto completo. Outros escreveram e escreverão. Felizmente, já não há como esquecê-los. "Não exigir tudo de um só homem" (EP). "A vida é breve, a alma é vasta" (FP). Os deuses sabem, e nós também, apagadas segundas vias, que eles não bisam.

2.

Black on Black White on White[1]

Now hear this mixture
Where hip-hop meets scripture
Develop a negative in a positive picture

LAURYN HILL

Lance:

Há estranhas e belas constelações que parecem luzir, *black on black white on white*, luscofuscantes, nos novos multi-horizontes das artes. Uma arterioscopia constelar-musical poderia montar curiosos desenhos para os olhos e/ou antenas de algum observador despreconcebido. Por exemplo, o desenho que fazem as cantoras-compositoras rebeldes, estrelas *afrodissenters* (Erykah Badu, Lauryn Hill) – distintas das *afrodisiacs* (como Beyoncé) – com as inglesinhas bluebranquelas Joss Stone e Amy Winehouse. E com elas as negras Tania León e Pamela Z e a ucraniano-americana Victoria Jordanova. Mais e/ou menos conhecidas. Sete estrelas.

Dados:

ERYKAH BADU (1971), Dallas, Texas, três filhos, "independent-minded artist" (NY Times). *Baduizm* (1997), *Live* (1997), *Mama`s Gun* (2000), *World Wide Underground* (2003), *New Amerykah [Part One. 4th World War]* (2008). Black "warrior princess": "…on & on & on", "…analog girl in a digital world" – "hip-hop as a form of liberation,

---

1 Publicado na revista eletrônica *Cronópios – Literatura Contemporânea Brasileira*, em 7 de abril de 2009.

as a form of pre-resistance". JAZZ + BLUES + R&B + HIP HOP = NU SOUL. "Ya know the whole encyclopedia / But your nigga thinks I'm deeper" (*Mama's Gun).* Murmurrhumores. Sussurruídos. Metamúsica. Sambaduizmo de "Booty" e de "Kiss Me On My Neck". Revivals billyhollidayanos em "Green Eyes" e no duo *a cappella* + trumpete, expandido nas espirais sonoras de *World Wide Underground:* "Push up the fader / bust the meter / shake the tweeters / freakquency is born and neo soul is over / are you afraid of change? / well, change makes the world wild underground." "Lap-top Garage Band" em 2004. Soul-engenharias sonoras. "No turning back (I'm telling you no)" Montagem: cantos transtonais, falas entrecortadas, digitália: *New Amerykah.* Experimental sem ser grave, *groovy* sem ser brega. "Re-boot. Re-fresh. Re-start". Humor *black* & apelos rebelionários no meio de letras transgressivas em harlemês semiletrado. "I for eye": grafitemas e grafismos nos encartes desbordados e incompletos "que demandam lupa" (saudades dos LPs). Voos melismático-microtonizados, harmonias dissonantes e bricolagens atrevidas, com o apoio do grupo *underground* experimental Sa-Ra, levam o jazznewfreaksoul para não-sei, entre *scats* e *hops.* Araçablues, transmidiática afrotecnológica. BACK BLACK!!!

LAURYN HILL (1975), South Orange, New Jersey, cinco filhos. "Killing me Softly" (1996) e The Fugees, rap-reggae, clamando em verbivoco "Vocab": "Aiyyo, sisters grab the mic and show you got the gift of gab". No mais conceitual *The Miseducation of LH* (1998) além das falas rap-rimadas, interlúdios conversacionais e incríveis *sliding* vocais. *MTV Unplugged nº 2.0* (2002) começa outra história imprevista. Mistério. Não posa mais "para" o público: "I used to get dressed for you all, I don`t do that no more. / I used to be a performer, and I really don`t consider myself a performer so much anymore. / You don`t know me. / I`m not available. I`m just ready to be me." (!!!). Não mais a "voz imaculada": "If I sound harsh and raspy I can`t go out there, that's a lie... I just sound like a singer with a lot of stuff in her throat." Prefere outras perfeições. No limite, pode cantar-chorar-rir, "sore throat", sem descontinuidade, desdenhando a rouquidão, violão lascado, usando até as falhas vocais – carneviva – como instrumento. "Laughtears", se diria, na expressão de James Joyce. Tem *guts*, além de soul. Como é que ela consegue despejar por quase quatro minutos e com tanta música – "War in the Mind", "Mistery of Iniquity" – essa torrente de palavras rápidas e rábidas? "Water", "I Just Want You Around Me": canta, minimalista, em círculos, *glissando* e *reglissando*. E como é que uma voz de tanta glissandoçura pode ser também tão *harsh*? Sete anos sem gravar. *Rebel*. Para o bem ou para o mal, o rap reabilitou a rima – as rimas contínuas e as rimas em "-ation". Letras vomiletradas, toscofoscas, mas de um novo desenho ritmofalame-lódico, cantofalado. E as mulheres (as melhores) desmachizaram o rap e o hip-hop, desgangtarizaram-no, hibridizaram-no. E o huma-nizaram. Para melhor e para mais longe.

JOSS STONE (1987-), Dover, Kent, Inglaterra, *The Soul Sessions* (2003), *Mind, Body & Soul* (2005), *Introducing Joss Stone* (2007). Janis na origem com Aretha na base ("All the King's Horses") e a *whistle--register* Betty Wright (*older sister* de Badu em "A.D. 2000") na produção, e blackbackingvocals adicionais na execução. Introdu-cing JS, mais funkdançante, com abertura para o rap e vocalizações tira-fôlego. Tem "change" como tema e Lauryn Hill como recitante e referência – também citada por Amy Winehouse como influência em seu trabalho – além do R&B Soul Raphael Saadig como produ-tor. Janisjovial, emocional-preciosista, voz poderosa e *self-conscious*, inevitavelmente *twenty*. Que melhore as letras e não perca o soul.

AMY WINEHOUSE (1983-2011), Londres, *Frank* (2003), *Back to Black* (2006). De volta ao (humor) negro e/ou à música *black 60*, pastiches avant-retro Motown-R&B. Escárnio escrachado jazzy reggae hip-hop qualquercoisa, *beats* e sax-pontuações histriônicas ("jazz ronronado e *hip* rosnado", Irish Times). Ler as letras para entender o seu inglesês engrolado. No encarte quase ilegível de *Frank*, Amy agradece a Sarah (Vaughan) e a Dinah (Washington), seu lado cool-virtuosista, mas Sinatra nada, vem dos vinis da vinícola Billie. "(There is) no Grea-ter Love". Badu ("...lent you my new Badu") decentemente citada em Frank ("You Make Me Flying"). Menos "baby, baby", as letras de Amy chegam aos bravos saltos-altos "fuck-me pump" e incluem um melopaico "mmmm" ("memories mar my mind") e uma semi-rima irônico-byrônica: "It's got me addicted / Does more than any dick did". E o achado – nas apresentações ao vivo – da projeção ao primeiro plano dos dançarinos-cantores-terno-gravata-chapéu desconstruindo os blackbackingvocals clássicos. "Joss Stone com um pouco de lama no vestido" (definição citada na biografia de Amy por Chas Newkey-Burden).

Jovens *brittish soul sista's*, intuitivo-iliteratas, juvenilyrics, cantam o amor, tudo bem. Alguma coisa mais para cantar? Um *mix* das duas – uma dose de amybile em Joss, uma de joystone em Amy – e ei-las rejanisnovadas[2].

Em 3 de setembro de 1964, o *The Times Literary Supplement* de Londres (no segundo dos números especiais dedicados às novas vanguardas, subtitulado "Any Advance? The Changing Gard 2") publicou o meu poema BHITE & WLACK – *for nights only*, que vai ao lado. Pré-sincronicidades.

Alguém se lembraria de constelar as *soul sisters* com a afro-cubana Tania León? Ou com a afro-americana Pamela Z? Falo da música contemporânea que os contemporâneos não ouvem.

TANIA LEÓN (1943-), Havana, desde 1967 em NY. *Indígena* (1994), *Singin' Sepia* (2008). Sobre o CD *Indígena*, que inclui composições de 1986 a 1991, escrevi para a *Folha de S.Paulo* um artigo que se intitulava "Tania León, Cubamericana", mas que teve seu título alterado para um ambíguo "Folklore Dissonante"[3]. Eu chamava a atenção para as surpreendentes obras pancubanas de Tania, "mais uma compositora à esquerda da esquerda", notável justamente por não fazer *folklore* e por assumir uma radicalidade de linguagem, rara mesmo entre os seus colegas de geração. Agora, em *Singin' Sepia*, Tania León volta a

"Bhite & Wlack", poema de
Augusto de Campos.

---

2 Amy, como se sabe, morreu prematuramente em 23 de julho de 2011, cerca de dois anos depois da publicação deste artigo. Não percebi nenhum salto qualitativo em Joss Stone.

3 Ver infra, "Tania Leon: Cubamericana?", p. 65

B H I T E & **W** L A C K

B **L** I T E & W **H** A C K

B L **A** T E & W H **I** C K

B L A **C** E & W H I T **K**

B L A C **K** & W H I T **E**

B L A C **T** & W H I T **T**

B L A **H** T & W H I **H** T

B L **G** H T & W H **G** H T

B **I** G H T & W **I** G H T

L I G H T & **N** I G H T

mostrar a força de suas desconstruções abstrato-percussivas em composições como "Axon", para violino e computador interativo, "Arenas d'un Tiempo" (1992), para clarineta, violoncelo e piano, ou "Horizons" (1999), sinfonia orquestral. "Música transatlântica", "panlatina", "música da diáspora cubana", segundo Jason Stanyek, professor do Departamento de Música da Universidade de Nova York. Não sei se as blackpopulares gostariam da *cuban sister*, caso ouvissem a sua música, nem se Tania gostaria delas, caso fosse o contrário, mas "Axon" (2002)[4], a mais recente das composições gravadas, tem anímicas sintonias com a Badu experimental e a *unplugged* Lauryn. São doze minutos de diálogo entre os aventurosos desenhos violinísticos e o ondular agressivo e interecoante dos sons produzidos ao vivo, em computador – como se: música para pássaros e marimbas eletrônicas e/ou cruzamento de cordas lancinantes e ressonâncias de um mundo interior ou exterior que apenas adivinhamos. Tania mantém seu "són" e seu não.

Em 1985, quando Cage esteve em São Paulo, na 18ª Bienal, executou-se uma composição sua de 1982, *Postcard from Heaven* (Cartão-Postal do Céu), para um conjunto de uma a vinte harpas, que hoje pode ser ouvida-e-vista no YouTube[5], na extraordinária performance de onze harpas que então se realizou. Cage afirma que sempre teve dificuldade em entender as harpas, geralmente usadas como instrumento de apoio, por isso resolveu estudá-las. Desarpízou-as. Transformou-as em orquestra de câmara, ora reduzindo a sua escala, com os pedais, a apenas quatro notas, ora explorando a complexidade microtonal de suas desafinações-*scordaturas* e ampliando a sua sonoridade natural com vocais *bocca chiusa*. Harpolinização sonora. Chuva arcoirizada de sons.

Obra tão rara que só apareceu em CD em 2007, numa leitura da harpista Victoria Jordanova e da cantora Pamela Z. Gravação de estúdio, com sobreposição de solos em muitas camadas sonoras. Victoria desafiando a harpa com tactilidades imprevistas. Pamela

---

4 *Axon*: uma célula nervosa, ou neurônio, que conduz os impulsos elétricos através do nosso corpo.
5 Basta procurar pelo vídeo intitulado JOHN CAGE – POSTCARD FROM HEAVEN.

improvisando suas *humming notes*, sirenedebussianas, "sem *vibrato*, *pianíssimo*, ao máximo do fôlego, nos registros mais altos e mais baixos da tessitura", como lhe pediu Victoria.

VICTORIA JORDANOVA (1952-), de Belgrado para San Francisco. Compositora, além de virtuose da harpa, primeiro *opus Requiem Para Bósnia* (1992) para piano quebrado, harpa e voz de criança. Entre as obras mais recentes, vídeos e áudios e, dentre esses, belos trechos das newcagianas *Meet Me at the Small Dog Run* (1998) e *The Travelling Eye of the Blue Cat* (2001) podem ser ouvidos na rede. Internetizem-se. Novaharpizem-se.

PAMELA Z (1956-), Buffalo, Nova York, compositora e intérprete, audioartista performática, base em San Francisco. Repertório arte-contemporâneo, *live eletronics*, vocalizações *laptop* ao vivo, *shows* multimídia.

Minhas influências anteriores vieram em grande parte do rock dos anos de 1960, cantores/letristas dos anos de 1970 e ópera clássica do século XIX. Mas agora eu estou me achando muito mais interessada em artistas punk e new wave, compositores minimalistas e em uma porção de compositores eletrônicos experimentais, que vão de John Cage, Pauline Oliveros e Alvin Lucier a Laurie Anderson e Brian Eno.[6]

Sete estrelas.

Antes de Gershwin, o compositor Virgil Thomson trouxe vozes negras para os "santos" de Gertrude Stein – somente vozes negras, por serem as mais belas e claras. Sobre ele, em 1949, Cage elaborou uma monografia – seu único estudo "acadêmico" – analisando longamente a cantata *Capital, Capitals* e a ópera *Four Saints in Three Acts* (quanto ao canto, "for blacks only"). Cage afetava não gostar de jazz, embora tenha prestado o seu tributo ao gênero num breve *Jazz Study* e em algo do fraseado de suas peças para piano preparado dos anos

---

6 *A Tool is a Tool*, 1998.

de 1940. Implicava com a regularidade do *beat* e a previsibilidade (relativa) das improvisações. Podia ter zen-confraternizado com os *wrong mistakes* de Monk e do som *progressive*. Mas Cage gostava de dessacralizar. Dizia preferir o (que também pouco lhe importava) rock, porque era mais barulhento. E não podia imaginar que o jazz viraria *cult* e que Chet Baker não conseguia voltar aos Estados Unidos porque não tinha onde tocar... Pound re Pound: "Not all things from one man".

Falando de *Four Saints in Three Acts* – "uma obra que não tem nada a ver com a vida dos negros" – explica Thomson, que escolheu um *all-negro cast* puramente pela beleza da voz, clareza da enunciação e elegância do porte. "Os negros" – acrescenta ele em sua autobiografia

provaram-se notáveis em tudo. Não só enunciavam e cantavam. Eles pareciam entender tudo porque cantavam. Não opunham resistência à linguagem obscura de Gertrude Stein, adotavam-na como se fosse a deles, conversavam com citações do texto. Moviam-se, cantavam, falavam com graça e alegria, acolhiam os seus papéis com naturalidade, como se fossem os santos que diziam que eram.

Constelações.

Erykah Badu

Lauryn Hill

Amy Whinehouse

Joss Stone

Pamela Z

Tania León

Victoria Jordanova

3.

Se Você Disser Que Eu Desafino...[1]

Em matéria de arte (de música contemporânea, então, nem se fale) muita coisa originalíssima só começa a ser conhecida meio século depois. É esse o caso dos estranhos estrangeiros de que dou notícia aqui, cujas notáveis obras musicais – até aqui distinguidas apenas por especialistas – só estão tendo maior divulgação em CDs recém-editados.

No ano em que são justamente comemorados entre nós, com alguns concertos, um CD e dois vídeos, os 85 anos de Joachim H. Koellreuter, ainda atuante, com tantos serviços prestados à renovação da nossa música, é preciso acentuar que, se a sua atividade docente é bem conhecida, é ainda muito desconhecida a sua obra compositiva, já que as suas músicas são pouco executadas e a sua discografia é mínima, comparada à sua produção musical. O CD *Akronos*, que tem como intérpretes o pianista Sérgio Villafranca e o flautista Wagner Ortiz, é mais uma rara iniciativa para reparar essa lacuna da nossa memória musical, infelizmente tão curta; complementam-no os vídeos "Concertos Comentados" e "Koellreuter – A Música Transparente" (tudo isso produção da Documenta Vídeo Brasil). O catálogo das obras de Koellreuter, a cargo do musicólogo Carlos Kater (seu ex-aluno, como quase todos os nossos músicos eruditos relevantes das últimas gerações), foi publicado em 1997 pela Fundação de Educação Artística de Belo Horizonte. No mesmo ano, foi editado por Kater o n. 6 dos *Cadernos de Estudo-Educação Musical* da Escola de Música da Universidade Federal de Minas Gerais, contendo, além de textos significativos do próprio Koellreuter, uma cronologia de sua

---

1 Publicado no jornal *Folha de S.Paulo*, Caderno Mais, em 17 de dezembro de 2000.

vida e obra. Não faz muito a Rádio Cultura de São Paulo lhe dedicou vários programas. E se anunciam pesquisas, livros e um filme sobre ele. Nem tudo está perdido.

"Se meu verso não deu certo, foi seu ouvido que entortou", escreveu Drummond. Em seu livro *New Musical Resources*, em que estuda os harmônicos do som, Henry Cowell demonstrou que as dissonâncias, produzidas pelos sobretons mais altos, são tão naturais quanto as consonâncias, resultantes dos harmônicos mais baixos, estas mais facilmente acessíveis ao ouvido e por isso mais familiares. A rejeição da dissonância é uma questão de hábito (haja vista as diferenças conceituais entre o Ocidente e o Oriente) e de preguiça auditiva. A propósito, alguma coisa das dissonâncias microtonais chegou a penetrar na música popular ocidental de extração jazzística, permeada pela inflexão africana. Recentemente, a Internet divulgou estudos de Joseph L. Monzo sobre o uso de microtons nos blues de Robert Johnson e nos acordes de Jimi Hendrix. Nas entonações microtonais reside um dos segredos da originalidade desses artistas. São os "erros" certos, poderia dizer outro dissonante do jazz, Thelonious Monk, que, insatisfeito com uma de suas apresentações, assim se expressou: "I made the wrong mistakes" (é Luciano Berio quem conta essa história).

Quanto a mim, a dissonância me atrai, a consonância me distrai. Muito açúcar me enjoa. Mesmo Chopin, com suas prestidigitações de muitos dedos, me aborrece. Prefiro o pós-Chopin dissonantemente "corrigido" do último Scriábin, cujas sonatas "negra" e "branca" e cujos derradeiros estudos, em que reponta a "escala mística" de quartas, me encantam, ainda mais se interpretados por Glenn Gould, notório antirromântico. Talvez por isso não encontrei nenhuma dificuldade de empatia com o "Desafinado" de Tom Jobim e Newton Mendonça (de passagem: Tom afirmou certa vez que quando compunha com Newton, a letra era sempre deste; inútil quererem atribuir *a posteriori* a Tom o que é de Newton). Um "desafinado" que, na verdade, menos que isso, era só discretamente dissonante, trafegando no universo impressionista de Debussy-Ravel. Por isso, também, me afeiçoei, na primeira ouvida, à música da russa Ustvólskaia, essa sim ultradissonante. Contudo, poucas coisas ouvi tão dissonantes como a música desse outro russo de nome não menos discorde: Vischniegrádski (Wyschnegradsky, na grafia internacional, ainda mais complicada). Música que chega a parecer, e é de fato, "desafinada" em relação ao sistema temperado aplicado aos instrumentos ocidentais. Capaz de desafinar até o coro dos descontentes (para recauchutar a frase que montei inspirado em Sousândrade e que Torquato Neto tornou conhecida).

Isso acontece com as características de uma das mais tardias recuperações da história da música contemporânea, e independentemente das interdições da era de Stálin, porque Ivan Vischniegrádski (1893-1979), depois de seis anos de peregrinação pela Europa na tentativa de fazer construir um instrumento adequado para as suas pesquisas de ultracromatismo, acabou por fixar-se em Paris, desde 1929, e lá viveu, autoexilado e intraexilado, até a morte. O problema é que ele, radicalizando as propostas de Scriábin, se aventurou com rara ortodoxia pelos caminhos da música microtonal, familiares, por exemplo, à música hindu, mas pouco palmilhados mesmo pelos mais avançados compositores da sua época, muitos dos quais, como Schoenberg, apesar de suas extraordinárias inovações, não abdicaram do sistema temperado, o imperante na música ocidental. Conseguiu, afinal, fazer construir um piano de três teclados afinados diferentemente, de modo a obter divisões menores que o meio tom. Mas acabou recorrendo a dois ou mais pianos com afinação diferenciada por um quarto de tom para dar praticidade à apresentação de suas obras. Apesar disso, elas raramente foram executadas. E somente em 1978, aquela que alguns têm como a mais importante das suas realizações, *La Journée de l'Existence* (A Jornada da Existência), sem número de *opus* (1916-1917, revista em 1927 e 1939), para orquestra, coro misto e recitante, teve a sua estreia só em 1978, sessenta anos depois de criada: Vischniegrádski tinha 84 anos e viveria até os 86.

Alguns discos foram devotados à recuperação parcial de sua obra a partir de 1977. Dentre eles, um, *Hommage à Wyschnegradsky*, pelo selo canadense SNE (Sociéte Nouvelle d'Enregistrement), em 1993. Outro, pelo francês "2e2m", em 1995, com o prestigioso

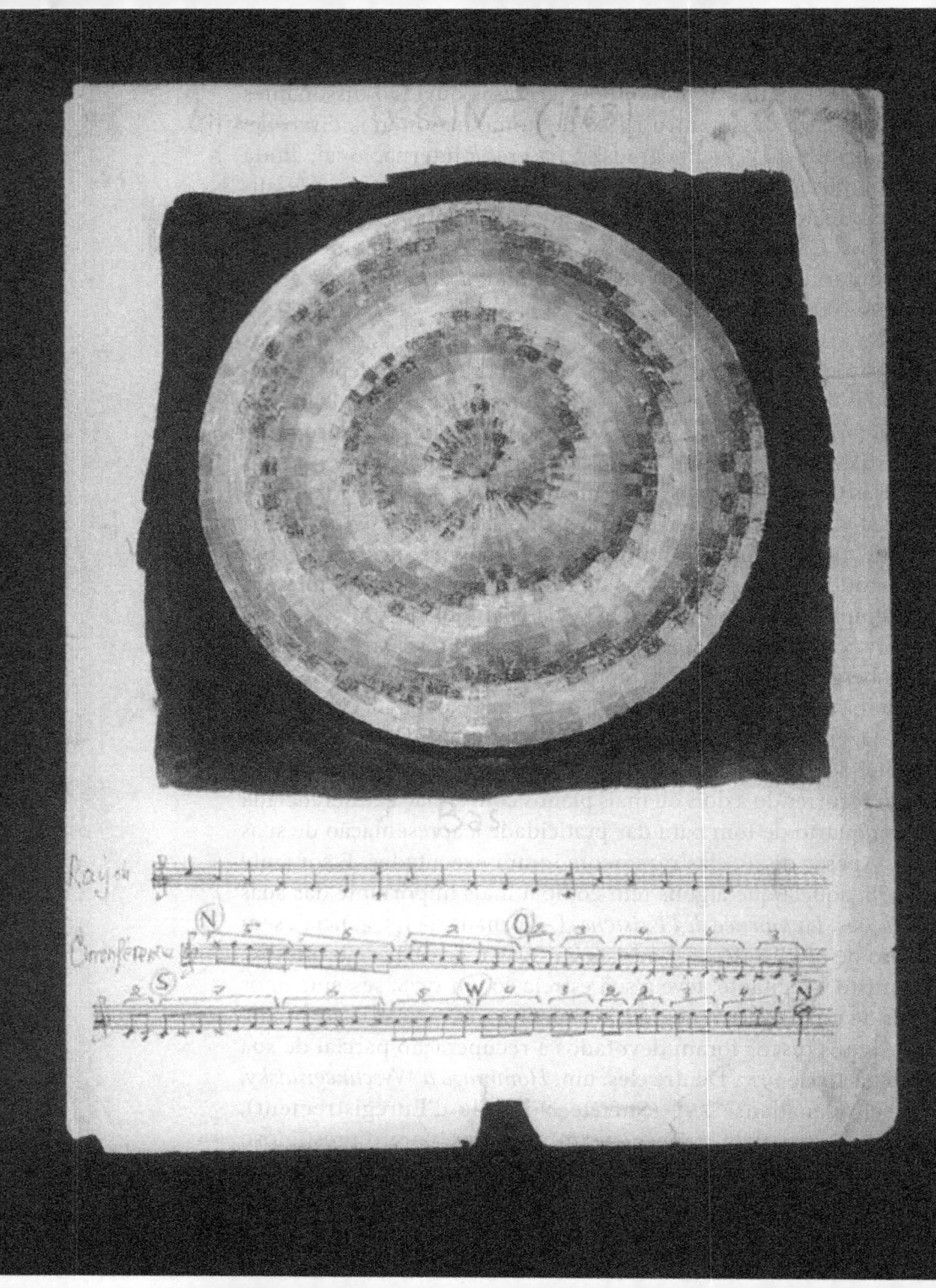

Ensemble 2e2m, sob a regência de Paul Méfano. Duas outras peças se encontram no disco *Lyrische Aspekte Unseres Jahrhundert*, VMM (Vienna Modern Masters), do mesmo ano. Falo dos que me chegaram às mãos. É pouco. Mas o bastante para se aquilatar da relevância do compositor. Aí estão peças produzidas entre 1918 e 1963, algumas delas pela primeira vez apresentadas publicamente. Das mais antigas, impressionou-me sobremaneira Cosmos, op. 28 (1939-1940), para quatro pianos em quartos de tom, composição cuja estreia ocorreu em 1945, na Salle Chopin de Paris, sob a direção do compositor, tendo Pierre Boulez entre os seus intérpretes, e que ganha nova leitura no disco canadense sob a direção musical do compositor e pianista Bruce Mather. A composição faz jus ao título, em sua espiralada sucessão de escalas ascencionais que parecem curvar o espaço sonoro com arrepios vertiginosos de microintervalos, entrecortados por abruptos *clusters* rítmicos. O mesmo disco, que, além de quatro pianistas, conta com o L'Ensemble d'Ondes de Montreal, pois privilegia composições que empregam as Ondas Martenot, inclui três obras de Vischniegrádski para esse instrumento, as duas primeiras, "Transparência I" e "II", de 1953 e 1963, explorando a tessitura do teclado eletrônico e a versatilidade dos seus poderosos *glissandos* em confronto com as harmonias dissonantes de dois pianos afinados entre si à distância de um quarto de tom; a terceira peça, Composição, op. 52 (1963), expande-se a todo um quarteto de Ondas Martenot. Da mesma época, encontramos no disco francês o Estudo Sobre Movimentos Rotatórios, op. 45 c, em quartos de tom (1961), onde, ao encurvamento do *continuum* sonoro, característico de Vischniegrádski, adicionam-se tímpanos, percussão e metais que aumentam a tensão rítmica e projetam os timbres para além da ambiência pianística numa atmosfera carregada de ressonâncias misteriosas. O catálogo de obras de Vischniegrádski abrange mais de setenta peças e *Jornada da Existência* tem duração estimada em uma hora. A composição, executada uma única vez, nunca foi gravada. Há que esperar pelo século XXI.[2]

2 Vários outros CDs com obras de Vischniegrádski foram editados após a publicação deste artigo. *La Journée de l'Existence* pode ser ouvida inclusive no YouTube. Pesadamente afetada pela contínua

Desenho ultracromático e partitura de Vischniegrádski

O mexicano Julián Carrillo (1875-1965) compartilha com Vischniegrádski e com o tcheco Alois Haba (1893-1976) o desbravamento da "terra incógnita" microtonal. A rigor, falta a essa tríade outro russo, também paladino do microtonalismo, Nicolai Obukhov[3] (1892-1954), autor da lendária cantata *Le Livre de vie* (O Livro da Vida), que se afirma ter 24 horas de duração, mas suas composições não estão acessíveis, a própria vida do compositor tendo-se encerrado prematura e drasticamente. Porém, de todos, o primeiro me parece o mais extraordinário pelo supremo isolamento da sua pesquisa na América Latina. Compositor e teórico fértil, ainda criou e adaptou muitos instrumentos para a produção de microtons. Um dos seus raros discípulos foi o suíço-baiano Walter Smetak (1913-1984), que chegou a soluções muito pessoais, sob o influxo das teorias de Julián Carrillo, a quem se refere como JC, "uma espécie de Jesus Cristo da música". Mas, conforme Juan Carlos Paz, diferentemente dos europeus, o compositor mexicano parte de um empirismo absoluto, não influenciado por problemas de ordem espiritualista e antroposófica, de derivação scriabiniana, nem por elementos da música vernácula[4]. Ainda segundo Paz, que pode ser considerado o mais eminente dos músicos argentinos modernos, Carrillo é um especulador puro, que desacredita a teoria do temperamento igual, perpetuada, a seu ver, pelo hábito e pelo espírito acomodatício, assim como a pretensa relação lógica entre a escala denominada natural e a escala física. Carrillo nasceu em 1875, vale dizer, um ano depois de Schoenberg e Charles Ives. Muito cedo, já em 1895, descobriu entre o sol e o lá da quarta

Julián Carrillo, *Preludio a Colón* (1925), Compassos inicias: vocalise [1], vocalise [2] e vocalise [3].

narração de um oratório solene e ainda muito infletida pela última linguagem de Scriábin, a peça não me causou maior impacto, a não ser na parte final, quando o compositor libera um breve coral dissonante. Dificilmente se consegue vislumbrar nessa obra o futuro Vischniegrádski das peças ultracromáticas e microtonais. Quanto a mim, prefiro a Méditation sur 2 thèmes de la Journée de l'Éxistence, op. 7, para violoncelo, em semitons, terços e quartos de tom, e piano em semitons, composta em 1918-1919 e revista em 1976. No mesmo *site* encontramos essa e várias outras composições, especialmente as pianísticas, algumas delas acompanhadas das respectivas partituras. Diversos de seus livros teóricos vêm sendo publicados. E há até uma Association Ivan Wyschnegradsky, que a ele reservou um portal oficial, <http://www.ivan-wyschnegradsky.fr>, em que se podem colher detalhadas informações sobre o compositor.

3 Ver infra, "Mistério na Música Moderna: Obukhov", p. 115.

4 *Introducción a la Música de Nuestro Tiempo*, 1971.

44

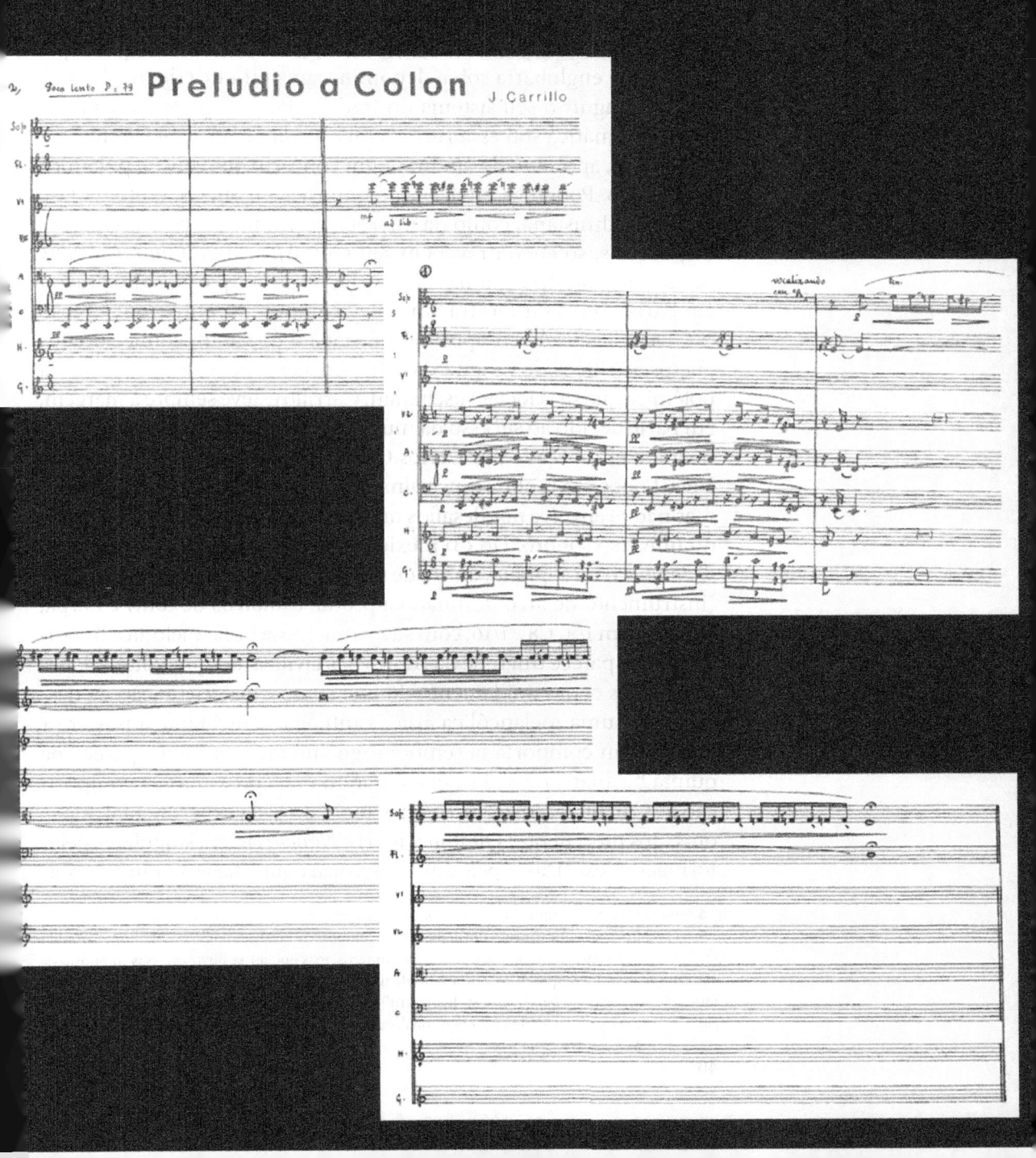

corda do violão os dezesseis sons que o levariam, a partir de cada um dos seis tons de uma oitava, à escala de 96 sons – aquilo que mais tarde englobaria sob a denominação simbólica de "o 13º som", para distinguir o seu sistema do tradicional. Sua primeira composição sistemática sob essa rubrica foi o *Preludio a Colón* (Prelúdio a Colombo), apresentado em 1925 num concerto que causou polêmica no México. Podemos ouvir essa composição e outras, tanto da fase inicial, brahmsiana, como da microtonal, numa das poucas edições disponíveis, só encontrável em seu país: *Música de Julián Carrillo*, caixa com dois CDs[5] – uma seleção das 36 obras que Carrillo gravou em Paris, com a Orquestra Sinfônica Lamoureux, entre 1961 e 1965.[6]

As viagens do compositor à Europa o tornaram conhecido dos guetos artísticos de vanguarda. Mas em sua própria terra, apesar da polêmica que suas ideias suscitaram, Carrillo esteve sempre à margem, em parte devido ao sucesso da música de inspiração nacionalista, que triunfou encabeçada por Carlos Chávez (o equivalente mexicano de Villa-Lobos), cuja obra, especialmente a percussiva, não é desprezível, mas não se envolve nos desafios mais profundos das novas linguagens do universo sonoro. Do CD mexicano, merece destaque o *Prelúdio a Colombo*, para soprano em 1/4 de tom, flauta, violão, violino, octavina (instrumento de arco destinado a produzir oitavos de tom) e harpa, afinados em 1/4, 1/8 e 1/16; com sua anfractuosa linha melódica microtonal, que parece tingir-se das dores das civilizações pré-colombianas e soa antes como um lamento do que como uma celebração da descoberta – uma melancólica ária / cantilena, semelhante à posterior e mais bem comportada (embora igualmente bela) que aparece na quinta bachiana de Villa-Lobos, porém mais próxima – a composição de Carrillo –, em termos conceituais, do Villa experimental que se ouve nos precedentes *Quatuor* (1921) e *Noneto* (1923), singulares pelas formações exóticas e pelos arrojos vocais que chegam a incorporar

5 Sony Music Entertainment de Mexico: 1997.

6 Há na Internet um excelente *site* dedicado ao compositor mexicano: Julián Carrillo y el Sonido 13 <http://www.sonido13.com>. Os CDs continuam raros, mas podem-se ouvir diversas composições em seu *site* oficial, em que se encontram desde um Sexteto para Cordas, de 1900, até uma de suas últimas composições, a bela "Missa ss. Juan XXIII" (1962), em quartos de tom para vozes masculinas *a cappella*, revoada coral gesualdiano-microtonal, entre agônica e exultante, de grande impacto sonoro.

incidentalmente o microtonalismo. Impressionam, também, os dois breves quartetos atonais de 1927, em quarto de tom, *Meditación* e *En Secreto*, que sugerem um subir e descer de escadas infinitas em suas escaladas de acordes microintervalares. Admiráveis, ainda, as obras da última fase, *Horizontes* (1947) e *Balbuceos para Piano Metamorfoseado* (1958), composições de maior fôlego em que o músico mexicano desafia as orquestras convencionais, no primeiro caso, com um violino e um violoncelo em 1/4 e 1/8 de tom e uma harpa em 1/16 de tom, e no segundo, com um piano em 1/16 de tom, que eriça o espaço sonoro de impensáveis arpejos sireniformes. A música de resistência de Carrillo, o seu esforço quixotesco por ampliar a sensibilidade musical, são impactantes.

Ruth Crawford Seeger é uma autêntica antecessora de Ustvólskaia. Nascida em 1901, de fato a pioneira das grandes compositoras modernas, a estadunidense vem a ser estudada por Judith Tick[7], musicóloga da Northeastern University de Boston. Desde o início, uma radical da música dissonante, ela foi "descoberta" por Henry Cowell, e vencendo todos os preconceitos, teve intensa participação na vanguarda musical americana dos anos de 1920 e 1930; foi aluna e colaboradora do musicólogo Charles Seeger, o criador da teoria do "contraponto dissonante" (que buscava uma fórmula própria, diferente da disciplina dodecafônica, para as estruturas musicais pós-tonais), e com ele se casou em 1932. Na época da Depressão, engajou-se politicamente, ao lado de Seeger, chegando a ensaiar um "marxismo modernista" (expressão de Judith Tick) de curta duração, expresso nos dois *ricercari*, que compôs sobre poemas participantes extraídos do *Daily Worker*, cuja retórica menor só se salva pelo tratamento de choque a que ela submete a voz e o piano. Musicólogo inconformista, mas compositor irrelevante, Charles Seeger não tinha nada a perder e acabou descambando para a cultura proletária antimodernista e a pesquisa folclórica. Sua ascendência sobre a mulher, agora travestida em "Krawford, the Komunist" (assim ela se autoironizava), acabou, afinal, contribuindo para levar a superior

---

7 *Ruth Crawford Seeger: A Composer's Search for American Music*. New York: Oxford University Press, 1997.

compositora a um trágico impasse criativo. Depois de interromper quase totalmente o seu trabalho de composição por duas décadas, ela veio a morrer de câncer, na meia-idade, em 1953, quando retomava a sua linha mais ousada de criação musical. Curiosidades: Ruth Crawford assistiu, em outubro de 1929, em Nova York, a uma apresentação de obras de Julián Carrillo e anotou em seu diário: "duas horas de música para 1/4, 1/8 e 1/16 de tom [...] um conjunto de violoncelo, voz, ocarina, trumpete e cítara", achando as obras "fascinantes e comoventes, com a notável intérprete cantando quartos de tom com mais exatidão de altura do que muitos cantam semitons" (referia-se aqui, provavelmente, ao *Prelúdio a Colombo*). Na Europa, em 1931, graças a uma bolsa Guggenheim, interessou-se pelo trautonium (instrumento eletrônico criado à época pelo cientista alemão F. Trautwein) e teve a ousadia de discutir com Alban Berg e dizer-lhe que a música de Schoenberg até a Suíte, op. 25 lhe agradava mais que a posterior (um ponto de vista que seria defendido por Pierre Boulez, vinte anos mais tarde).

A obra de Crawford está, quase toda, reunida em três CDs. Coincidentes em algumas escolhas, eles acabam por se completar uns aos outros. Em todos eles, como um signo da ressurreição criativa, comparece a Suíte Para Quinteto de Sopro, de 1952, que sinaliza a retomada da fase ultramodernista pela compositora. O primeiro CD, editado pela CRI em 1993, é o único que contém os nove Prelúdios Para Piano e a Sonata Para Violino e Piano, do período de 1924 a 1928, peças que documentam a precoce maturidade de Crawford e o seu natural ímpeto rebelionário. Em 1997, a Deutsche Grammophon lançou um novo CD, que inclui outras importantes composições. Não por acaso está envolvido no projeto o magnífico conjunto de câmara holandês, Schoenberg Ensemble, dirigido por Reinbert de Leeuw, que atua aqui como pianista. Um disco alemão do selo CPO veio completar o painel musical das obras de Ruth Crawford. O CD da Deutsche Grammophon traz, entre outras coisas, a primeira obra de Crawford para mais de dois instrumentos, a já notável *Music for Small Orchestra* (1926), que começa como "música noturna", à maneira de *Central Park in the Dark*, de Charles Ives, para se abrir num emaranhado de linhas independentes de dez instrumentos em camadas adensantes de ritmos e harmonias díspares; traz também *Three Chants* (1930), para coro feminino e com uma silabação inventada, evocativa dos cânticos monásticos tibetanos, e aí estão algumas das mais belas miniaturas corais da música moderna, dignas de figurar ao lado do coro *a cappella* Entflieht auf leichten Kähnen, op. 1, de Webern, ou da cantata *Zvezdóliki/Le Roi des Étoiles*, de Stravínski. Segundo Judith Tick, tais peças foram influenciadas pela audição da música de Carrillo, que parecera a Ruth Crawford "extremamente oriental, hindu como efeito"; a última delas *To a Kind God* (A um Deus Benigno), a mais ousada, insere um pedal de doze partes diferentes vozeando a palavra "om" em diferentes alturas musicais e a ritmos irregulares, um "*cluster* pulsante" (na expressão do musicólogo David Nicholls) que parece antecipar o que faria Scelsi muitos anos depois em *Kom-Om-Pax*.

O disco inclui ainda aquela que é considerada a obra-prima da compositora, o Quarteto de Cordas, de 1931, em que ela aprofunda e aperfeiçoa os meandros do "contraponto dissonante". O andante desse quarteto chegou a ser comparado à música de Webern pelo compositor francês Albert Roussel (1869-1937), um dos primeiros a ouvi-lo. Foi, aliás, a única composição de Crawford registrada em disco durante a sua vida (em 1933), por iniciativa de Cowell, que a considerava "talvez a melhor obra já escrita para quarteto neste país", afirmando que ela "ilustrava o uso dos *clusters* aplicados às cordas". Trata-se, segundo a própria autora, de uma "heterofonia de dinâmicas – uma espécie de contraponto de *crescendos* e *diminuendos*", ou como explica Judith Tick, de um estudo sobre as dinâmicas dissonantes, no qual o fluxo e o refluxo dos *crescendos* e *diminuendos* foi cuidadosamente elaborado para permitir a formação de uma melodia a partir dos sons isolados de cada instrumento. Mas só a descrição técnica não explica a intensidade emocional e a labiríntica beleza dessas urdiduras de muitas tramas sonoras, que ela comparava aos desenhos complexos de um tapete persa – uma imagem de que Morton Feldman também se apropriaria, muito mais adiante, para a sua composição *Coptic Lights*. Ruth destacou,

ainda, esse movimento lento do seu "Quarteto..." com um esplêndido arranjo para orquestra de cordas, em 1938 (também presente
no CD da Grammophon).

O último CD complementa relevantemente os anteriores pois
exibe, ademais do Quarteto de cordas, as duas Suítes, n⁰ 1 e n⁰ 2,
em que o piano conflita com os instrumentos de sopro e as cordas
com toda a exuberância das dissonâncias crawfordianas; e ainda as
quatro "Suítes Diafônicas", de linguagem mais austera, louváveis, nas
palavras de Seeger, pela "cleanness and leanness" (clareza e magreza),
mas que surpreendem sempre, como no espiralado "perpetuum
mobile" que anima o terceiro movimento da "Diafônica n⁰ 1", para
flauta e oboé. Composições epigramáticas, dos anos 1927 a 1930, em
que dominam os contrastes tímbricos, os saltos melódicos ferindo
os registros altos, os *ostinati* rítmicos, as síncopes de derivância
jazzística e até algumas ousadas polimetrias – uma angulosidade de
estruturas e um antissentimentalismo conceitual que remetem, hoje,
inevitavelmente, à atualíssima obra de Ustvólskaia, a "dama do martelo" russa. Como se já não bastassem as semelhanças, em "Prayers
of Steel" (Orações de Aço) – uma das três canções sobre poemas
de Carl Sandburg incluídas no CD da Deutsche Grammophon, tida
como "a mais heterofônica" das composições de Crawford – piano
e percussão martelam em ritmos divergentes ao som de "Lay me on
an anvil, God/ Beat me and hammer me into a crowbar" (Põe-me
numa bigorna, Deus/ Bate-me e martela-me numa alavanca), uma
irada invocação que Ustvólskaia assinaria. Tanto a introdução da
"Música Para Pequena Orquestra", como os primeiros movimentos
das Suítes n⁰ 1 e n⁰ 2 guardam ainda soturnas ressonâncias scria-
binianas, logo contrastadas por cacofonias estridentes. O "adágio
religioso", introdutório da impressionante "Suíte n⁰ 1" para piano e
instrumentos de sopro, de 1927, com seus timbres sombrios puxa-
dos pela trompa e os sopros mais graves, me fez lembrar também
outra belíssima obra da mesma época, *Angels*, para seis trumpetes,
de Carl Ruggles (1876-1971), um compositor que exerceu saudável
influência sobre Ruth, e que, junto com Charles Ives, deu à música
estadunidense o primeiro impulso para a modernidade. Essa suíte,

Ruth Crawford em foto da década de 1920.

O compositor mexicano Julián Carrillo

Vischniegrádski, ao lado de seu piano de quartos de tom, por ocasião da exposição "Paris-Moscou", realizada no Centro Georges Pompidou (1979).

assim como a "Música Para Pequena Orquestra", nunca foi executada durante a vida da compositora.

Dos microtonalistas sistemáticos, talvez o mais conhecido (embora pouco mencionado entre nós) seja o estadunidense Harry Partch (1901-1976), do qual já há numerosos CDs e que, como Smetak, criou uma diversificada família de instrumentos para tocar a sua escala de 43 sons. É mais um experimentalista radical. Como Carrillo, Cowell, Cage ou Nancarrow, Partch tem a característica de ser também um inventor, no sentido literal da palavra: inventa ou transforma aparatos musicais para executar composições que são arte e artefato; além de música, invenção e, além de invenção, inventos. Nessa linha, os europeus quando inventam tendem ainda a respeitar os instrumentos tradicionais – são inventores de aparelhos independentes: Teremim, Ondas Martenot, Trautonium. Os inventores das Américas desrespeitam selvagemente os instrumentos da tradição: metem os dedos nas cordas do piano ou lhes interpõem parafusos e roscas para despianizá-lo. Cowell. Cage. Desvirtuam as pianolas e as enlouquecem com dispositivos de aceleração e perfuração para abismar-nos em trajetórias vertiginosas e cânons polimétricos nunca antes ouvidos. Nancarrow. Ou, como Partch (e Smetak, entre nós), fazem-se *luthiers* autodidatas para criarem bricolagens apropriadas para suas escalas microtonais. Claro que isso é uma generalização relativa, contraditada aqui e ali por algumas exceções: o próprio Cowell colaborou com Teremim na construção de Rhytmicon, aparato que lhe permitia tocar dezesseis ritmos diferentes ao mesmo tempo. E, mais recentemente, o romeno Radulescu pôs o piano de cabeça para baixo, isto é, na vertical, para transformá-lo num instrumento de arco, capaz de inauditas ressonâncias: o seu Sound Icon.

O canadense Henry Brant, nascido em 1913 e ainda vivo[8], cria formações difíceis de imaginar pela aglomeração inusitada de

---

8 Faleceu em abril de 2008, aos 94 anos, mais de sete anos depois da primeira publicação deste estudo. Vários outros CDs de sua obra foram editados, principalmente pela Innova Recordings. E o YouTube, boia de salvamento do grande naufrágio da audição da música moderna e contemporânea, está aí para quem quiser usar os "happy few ears". Entre tantas composições interessantes, quase todas de largo fôlego, guardei especialmente uma pequena joia, que aparece no oitavo volume da série *The Harry Brant Collection*, editado pela Inova, em 2007 – "Revenge Before Breakfast" instrumentos e vozes e, além disso, pelo seu agrupamento em pontos diferentes e distantes no ambiente de concerto com vistas à concepção que ele tem de "música espacial", da qual é um dos precursores. Suas especulações estereofônicas nessa área anteciparam mesmo as dos colegas europeus, Stockhausen, Nono, Boulez. Diferentemente deles, porém, inspirado nas intuições do seu mestre Charles Ives (lembrar "The Unanswered Question", que separa à distância o solista e dois grupos sonoros), Brant aparta drasticamente os grupos de executantes uns dos outros sem estabelecer estrita coordenação entre eles, tendendo antes a suscitar propositais entrechoques de timbres e linguagens e desencontros de tonalidades, ritmos e andamentos, de forma a provocar novas experiências perceptivas a partir da defasagem e da simultaneidade sonoras, como, aliás sucede com o "musicirco" de algumas peças de Cage. Dois CDs importantes saíram nesta década: o primeiro, do selo americano Phoenix, de 1995, contendo duas peças longas, "Kingdom Come" e "Machinations". As notas do encarte não informam as datas das obras, registrando apenas que as primeiras performances de "Kingdom Come" ocorreram em 1970. Nessa composição, Brant espacializa confrontos massivos entre uma orquestra dominada por metais estridentes e uma parafernália circense (a que não faltam buzinas, campainhas, assobios, sirenes e compressores de ar, além de uma soprano caricatural, uma "Valquíria psicótica", segundo o compositor). Já "Machinations" pega mais leve: um torneio timbrístico de bizarra formação em que tímpanos, sinos, xilofone, glockenspiel, órgão, flauta em mi bemol, ocarina dupla, flageolet duplo e harpa se interfluem em arremetidas deslizantes de *glissandos*, trinos e gorjeios que acabam por se abismar uns nos outros. Nessa composição provocativa, matizada como a precedente de um humor corrosivo, todos os instrumentos foram

(1982), "música de câmara espacial", para pícolo, clarinete, xilofone, violino, violoncelo, acordeão e percussão – uma delicada evocação da memória musical, a partir de uma melodia de rua que, mal desponta, é deformada e atravessada por outras sonoridades, tornando-se irreconhecível, e que vai pouco a pouco se espraiando, até reflorescer num solo melancólico de realejo. Lembrei-me do que fez Caetano Veloso em 1973, quando desintegrou em um piano elétrico uma canção de Lupicínio Rodrigues, enquanto entoava em várias nuances vocais o meu poema "dias dias dias", para paulatinamente chegar à reconstrução da melodia, voz e violão, no fim de sua leitura.

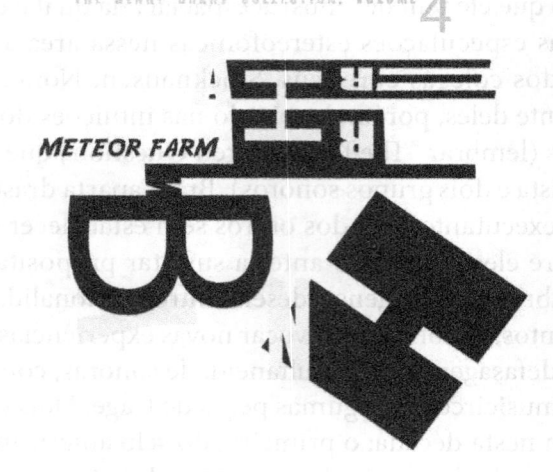

O compositor canadense Henry
Brant e alguns do seus CDs

tocados por Brant, que os gravou separadamente, sem prévia notação musical, segundo um esquema genérico, e os reuniu depois em estúdio, aplicando velocidades variáveis a algumas texturas. Para Brant, quantidade e caos são espaços conviviais – "o ouvido nunca diz: 'eu me recuso a ouvir' ", proclama ele.

O disco *Henry Brant* (1999), contendo "Orbits", "Western Springs" e "Hieroglyphics 3", que eu importara, me chegou às mãos no dia 11 de setembro, sem que eu me desse conta de que era a semana do aniversário do compositor (87 anos no dia 15 de setembro). Fui lembrado disso por um coincidente folheto do Centro Musical Ijbreaker, de Amsterdã, que o homenageou durante a semana com um concerto, ao passo que, no próprio dia 15, o Concertgebouw lhe abriria as portas para que fosse apresentada a sua transcrição sinfônica da "Concord Sonata", de Ives. O próprio Brant regeu o concerto. Nesse mesmo dia fui reouvir as suas "Orbits", para oitenta trombones, órgão, sopranino e coro. Olhando pela vidraça da minha sala de som, reparei que no céu espoucavam relâmpagos secos, prenunciando chuva. E de repente me pareceu que as rajadas de trombones e o serpentear dos *vocalises* atravessados pelos arrancos de um órgão estilhaçado eram tangidos por aqueles clarões intermitentes. Nenhuma chuva. O céu tremia. E eu com ele. Mas de um tremor de emoção, como o que Cage disse ter sentido depois de ouvir Maria Freund, aos 74 anos, interpretar o *Pierrot Lunaire* de Schoenberg num Festival de Música Dodecafônica, em Milão, 1949. Uma experiência impressionante. "Orbits", ao que tudo indica, só foi executada uma única vez, dada a inviabilidade de reunir o espantoso número de trombones requerido. O que ouvimos no disco é a masterização digital da gravação original feita na Catedral de Santa Maria, de San Francisco, em 1979, lançada em vinil em 1980[9]. Das duas outras peças que compõem o CD, também masterizadas para o relançamento, a mais antiga, "Hieroglyphics 3", criação de 1958 gravada em 1970, foi editada pela primeira vez num LP de 1971. "Western Springs", a mais recente, de formação complexa,

---

9 Uma extraordinária apresentação de "Orbits" veio a ocorrer, em 21 de junho de 2009, quase uma década após a publicação deste artigo, no Museu Guggenheim. O salvador YouTube preservou, em mais de um vídeo, a performance ao vivo.

como "Orbits", gravada no auditório da Universidade da Califórnia, em 1984, surgiu em disco no ano seguinte. Todas essas composições, registradas pela CRI. "Hieroglyphics 3", para viola solo, meio-soprano, órgão (tocado sempre pelo próprio Brant), vibrafone, piano, cravo, tímpanos e sinos, é uma das primeiras experiências de música espacial do compositor: o solista de viola toca a partir de três posições diferentes numa sala escura, acompanhado pelos outros instrumentos à distância e sem qualquer coordenação rítmica com a viola. Voz e órgão executam improvisações dentro de determinados parâmetros, mas também em ritmos e tonalidades independentes. Em "Western Springs", uma composição criada 26 anos depois, a espacialização se amplia radicalmente. Duas orquestras, dois coros mistos de cinquenta executantes cada e dois combos de jazz são convocados, reunindo duzentos músicos. Colocados em pontos diferentes, esses grupos desafiam a nossa coordenação auditiva a partir de múltiplas fontes sonoras e de linguagens musicais diversificadas. A sobreposição de certas inflexões corais lembra às vezes o final do Choro n. 10 de Villa-Lobos, se o imaginarmos elevado à terceira potência – o Choro que Villa poderia ter feito, nos anos seguintes, se radicalizasse suas pesquisas sonoras e não tivesse aderido ao retorno a Bach comandado por Stravínski. Tudo o que ouvimos de Brant soa estimulante, embora nenhuma das composições me tenha emocionado tanto quanto "Orbits".

A história da música do século que termina ainda não está escrita completamente. É bom que haja ainda muitas velhas coisas novas a descobrir ou redescobrir. Mas fica a pergunta: como pretender ter vivenciado a música "do nosso tempo" se ainda não se conhece por inteiro e sequer se assimilou o que se conhece disso que já seria música do passado mas que, pelo visto, ainda será por muito tempo "música contemporânea"?

4.

Música, Mulheres! [1]

O baú (ou deveria eu dizer *folder*?) ou pós-baú digitalizado do século XX continua a prometer mundos e fundos musicais, a partir da década de 1990. Não bastassem as revelações surpreendentes da russa Galina Ustvólskaia e da americana Ruth Crawford, num voo conjugado de ultradissonâncias, eis que aparece mais uma, como ainda se diz algo político-incorretamente, em inglês, enfatizando a sua estranheza, "woman composer" – uma compositora extraordinária. Coisa menos comum na área dita popular, em que as mulheres se sobressaem antes como intérpretes, mas não infrequente na dita erudita, em especial nos Estados Unidos, onde são hoje numerosas as "women composers", das menos conhecidas – as radicais como Pauline Oliveros, famosa em círculos estritos – às mais notórias por sua infiltração na área pop como Meredith Monk e Laurie Anderson. Não se pode esquecer, porém, que a Rússia, antes de dar Ustvólskaia e Sofia Gubaidulina para a música, nos contemplou, na fase pré-Stálin, com a maior geração de pintoras significativas do século XX: Gontcharova, Popova, Rozanova, Stepanova, Udaltsova, essas e outras novas, pós-reveladas nos Estados Unidos na exposição "Avant-Garde in Russia 1910-1930: New Perspectives", do Los Angeles County Museum of Art, em 1980, e ainda recentemente revistas por uma ampla exposição no Guggenheim de Nova York, entre setembro de 2000 e janeiro de 2001. Aos sociólogos, antropólogos e psicólogos a explicação dessas proezas de países e mulheres.

Mas a "mulher-música" de quem venho falar é, ainda, um meio-enigma, a caminho da decifração. Trata-se da germano-americana

---

[1] Publicado no jornal *Folha de S.Paulo* (Caderno Mais), em 16 de dezembro de 2001.

Johanna Magdalena Beyer, que nasceu em Leipzig, em 1888 (bem mais velha, portanto que Ruth Crawford, nascida em 1901) e morreu em Nova York em 1944. Leiam na Internet a lista completa de suas produções musicais. "Unpublished, unrecorded, and unperformed" (não publicada, não gravada e não tocada), diz peremptoriamente a nota com que a Frog Peak Music, organização sem fins lucrativos, dedicada à publicação de obras experimentais ou inusuais, registra as edições do seu "Johanna Beyer Project", a partir de um artigo de John Kennedy e Larry Polansky intitulado "Eclipse Total: A Música de Johanna Beyer – Uma Relação Preliminar Anotada". A listagem integral das obras é fornecida pela Biblioteca Pública de Nova York, onde se encontram os principais manuscritos da compositora: são 53 obras, escritas entre 1931 e 1943, a partir de *clusters*, para piano, havendo entre as últimas peças alguns "movimentos sinfônicos" e uma composição, *Três Movimentos Para Percussão*, de 1939, dedicada a John Cage. Há também várias obras para voz e acompanhamento, quase todas sobre poemas de Carl Sandburg, autor predileto de Ruth Crawford, que já musicara com brilho alguns de seus textos. Na opinião de Kyle Gann, em seu bem informado *American Music in the Twentieth Century*[2], a compositora utiliza ousadamente o ruído e antecipa o minimalismo com seus ciclos rítmicos e suas texturas estáticas. Em outro texto, Kyle Gann se refere a ela como uma "protominimalista de espantosa originalidade".

A composição mais audaciosa dentre as raríssimas de Johanna Beyer já divulgadas em disco é a preciosidade chamada "Música das Esferas: Movimento Para Três Instrumentos Elétricos ou Cordas, Rugido de Leão (Instrumento de Percussão) e Triângulo", de julho de 1938, dada como pertencente à ópera *Status Quo*, de suposta motivação política e satírica. Nessa composição solitária, com duração de cerca de seis minutos, prescrita parcial e opcionalmente para instrumentos elétricos não explicitados, repousa, até aqui, a fama póstuma dessa compositora desconhecida, da qual não há sequer fotografia[3]

Partitura de Johanna Beyer, "Música das Esferas".

2 New York: Schirmer, 1997.

3 De fato, não se conhecia nenhuma fotografia de Johanna Beyer quando este estudo foi publicado pela primeira vez. Ilustrei-o com uma montagem de fotos de Ruth Crawford e Galina Ustvólskaia,

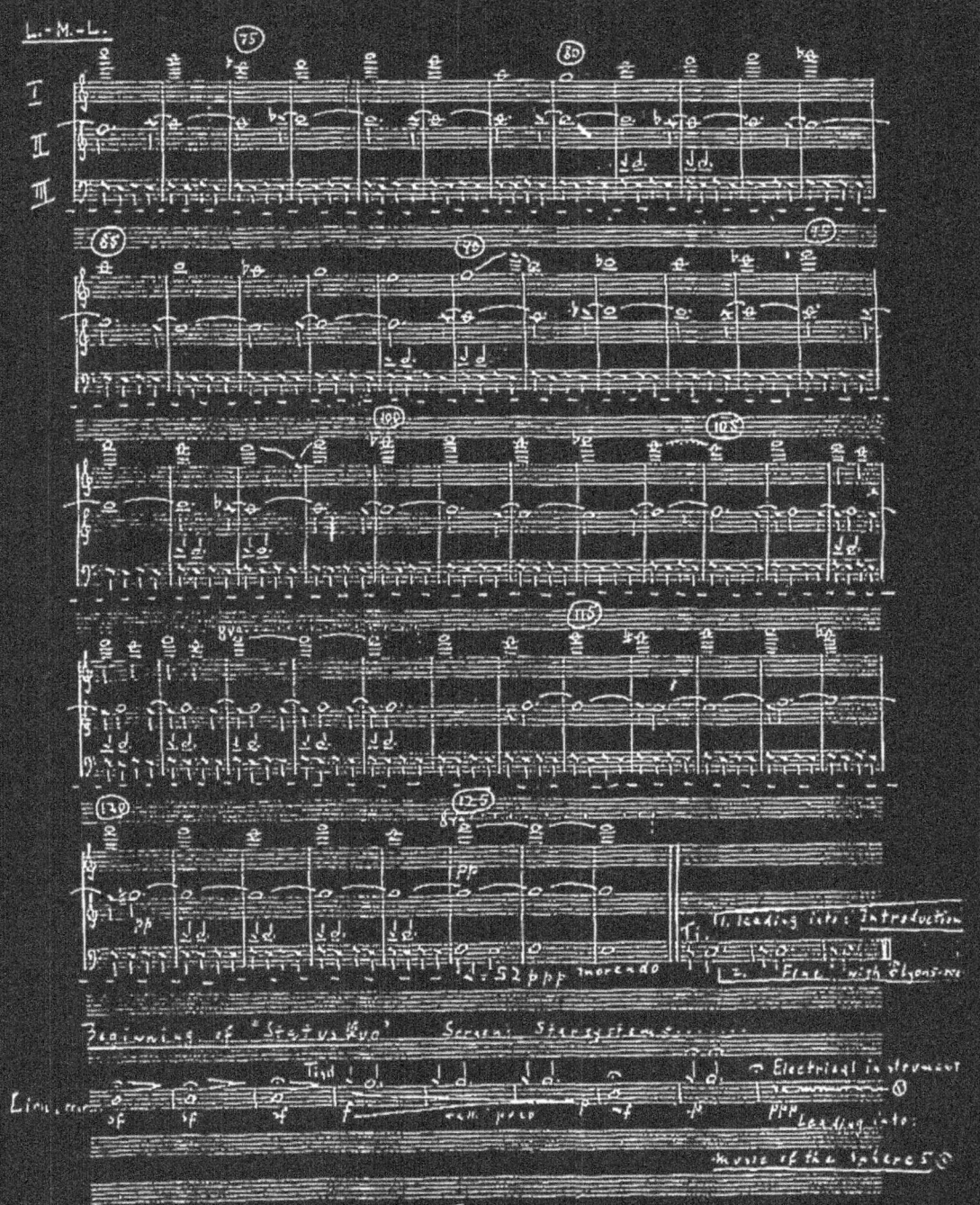

e que, conforme o resumo biográfico da biblioteca nova-iorquina, aprendeu piano e teoria musical na Alemanha, tendo chegado em 1924 a Nova York, onde se fixou. Lá estudou com alguns dos mais avançados compositores e musicólogos estadunidenses, como Dane Rudhyar, Henry Cowell, Ruth Crawford, Charles Seeger. Durante a prisão de Cowell (1937-1940) foi sua secretária e tomou conta de suas partituras. Foi amiga também do pianista e compositor Percy Grainger, subsistindo alguma correspondência com ele trocada como uma das poucas fontes biográficas de que se dispõe sobre Johanna. Morreu pobre, em janeiro de 1944, revoltada com o *status quo*, "com a injustiça social do período em que vivia" (segundo depôs o compositor Ray Green, que a visitou em seu estúdio-apartamento na Greenwich Village, em 1938), quando ela apenas começava a desfrutar de um pequeno reconhecimento pelos seus pares.

A versão da "Música das Esferas" que podemos ouvir constitui a primeira faixa do CD *New Music for Electronic and Recorded Media – Women in Electronic Music* (1977). A edição da CRI, de 1997, é uma remasterização digital do LP produzido vinte anos antes por

deixando em branco, acrescido de pontos de interrogação, o retângulo que caberia a Johanna Bayer, sugerindo o anonimato fotográfico da compositora. Só tempos mais tarde, por volta de 2008, divulgou-se a que era até então a única foto de Johanna, uma escassez que faz lembrar um pouco a reclusão de Emily Dickinson e a interdição de Giacinto Scelsi, que em vida proibiu as poucas fotos que dele haviam tirado. Por isso, adiciono agora à montagem esse rara foto na qual o rosto da compositora aparece em meio-perfil, meio-estátua, quase encoberto pela sombra, mistério de mistério. A musicóloga Amy C. Beal publicou, em 2015, uma importante biografia da compositora, *Johanna Beyer*, pela University Illinois Press, prenunciada pelos três excelentes estudos que apareceram na Internet, "How Johanna Beyer Spent Her Days", em 2007, "Her Whimsy and Originality Really Amount to Genius: New Biographical Research on Johanna Beyer", em 2008, e "New Discovery in Johanna Beyer Research", em 2014, no qual revela duas fotos extraídas dos passaportes de Johanna, de 1930 e 1935, aos 41 e 46 anos. São fotos naturalmente precárias, que acusam um extraordinário envelhecimento da compositora nesse curto lapso de tempo. Permanece vívida a impressão de mistério causada pela única foto desanonimizante – como se ela emergisse das sombras do passado para a história da música. O livro de Amy C. Beal compendia praticamente tudo o que se apurou até aqui sobre Johanna Beyer, e que não é pouco. Ela deixou 56 composições. Foi, "depois de William Russell, a compositora mais prolífica de música de percussão nos anos de 1930", segundo Frank J. Oteri – oito obras –, um total de dezenove movimentos, ocupando cerca de 75 minutos. Infelizmente, a Guggenheim negou-lhe, em 1939, a bolsa de que necessitava para a elaboração de um de seus projetos mais ambiciosos, a ópera moderna *Status Quo*, que apenas chegou a iniciar, poucos anos antes de adoecer e vir a falecer em 1944. Beal a considera, sob certos aspectos, precursora de Cage e Feldman.

Charles Amirkhanian, musicólogo, percussionista e *sound poet* de larga atuação nos domínios da música experimental, responsável direto pela produção artística das principais e pioneiras gravações de Conlon Nancarrow. Do disco participam várias compositoras: entre outras, ali está Pauline Oliveros com a histórica "Bye Bye Butterfly" (1965), para fita magnética, colagem de sons e ruídos elaborados com osciladores e amplificadores, em que estilhaços da soprano empostada de *Madame Butterfly* são engolidos pelos silvos das frequências sinusoidais, num adeus ao passado da música e da discriminação feminina; lá encontramos também Laurie Anderson, em sua primeira aparição num LP comercial, com duas pequenas peças satíricas, "New York Social Life" e "Time to Go", ambas de 1977. Allan Strange, compositor e membro do The Electric Weasel Ensemble, arranjou para sintetizadores, controladores de frequências e outros aparatos, organizados por Donald Buchla, a "Música das Esferas" de Johanna Beyer. Respondem eles pelos "instrumentos elétricos" solicitados pela partitura e que, segundo o arranjador, poderiam ser o teremim ou as Ondas Martenot, já bem conhecidos à época. A percussão, "rugido de leão", também é produzida eletronicamente nessa transcrição, sendo o triângulo o único instrumento acústico, tocado pelo próprio Amirkhanian. As indicações da partitura chegam a demandar um *accelerando* gradual de 52 a 208 semínimas por minuto num período de 54 compassos com retorno posterior, também gradual, ao pulso do início, o que foi resolvido com o auxílio de um metrônomo, controlado manualmente e acoplado a um sequenciador, para maior exatidão das variações métricas. O que se ouve é um inquietante *continuum* ondulado de *glissandos* e *ostinati* rítmicos que paradoxalmente não deixa de lembrar a *Imaginary Landscape nº 1* (Paisagem Imaginária nº 1) que John Cage criaria um ano depois, em 1939, composição para dois toca-discos de velocidade variável, gravações de frequências, piano em surdina e címbalo, posteriormente executada com osciladores e teclados eletrônicos, e que é considerada a peça pioneira do gênero. Não é improvável que essa releitura à distância do *opus* pré-eletrônico de Johanna Beyer tenha sido contaminada pela parafernália cageana e por tudo o que

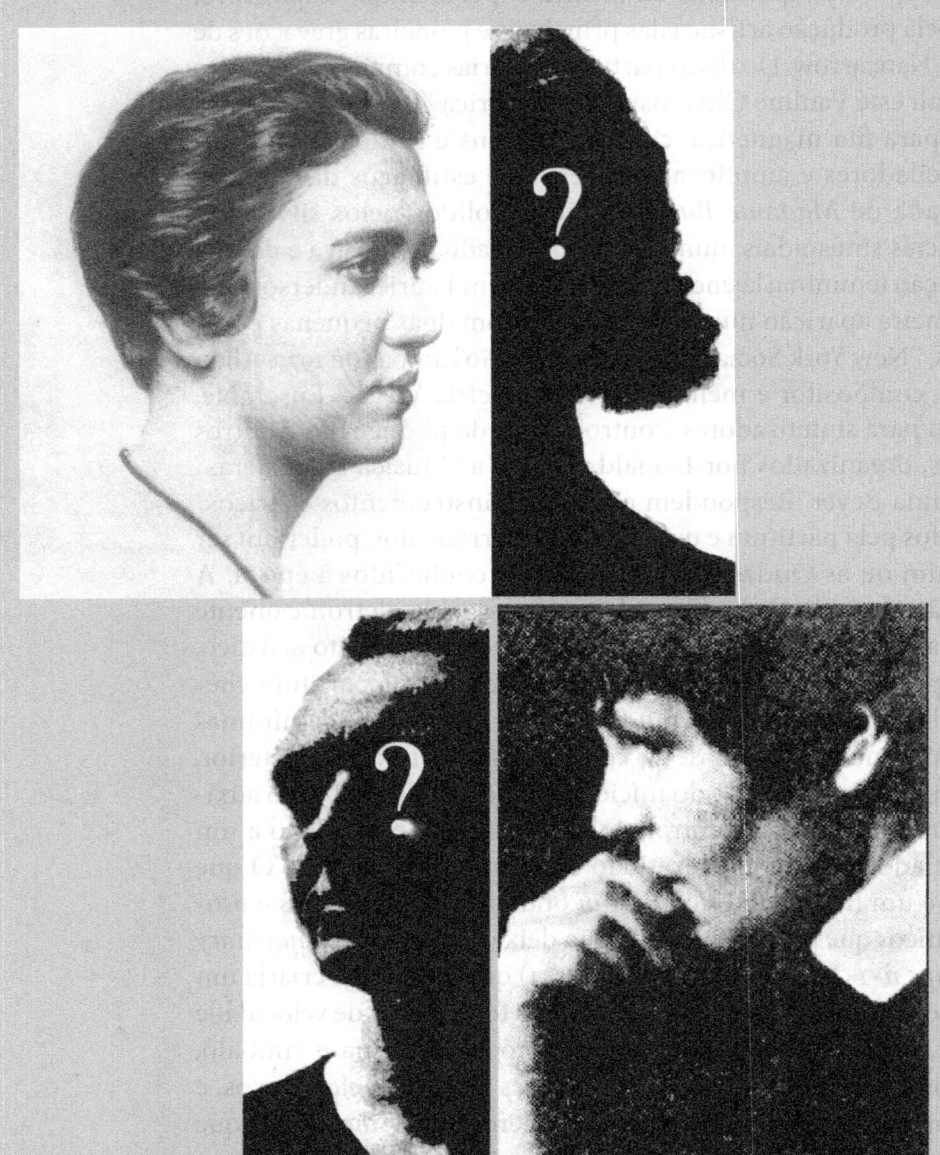

Ruth Crawford
Johanna Beyer
Galina Ustvólskaia.

ocorreu com a *elektronische musik*, a música eletrônica dos anos de 1950, aliás, muito mais complexa e sofisticada do que os subprodutos que a juventude de hoje conhece como "música eletrônica". Mas aí está uma interrogação musical que passa a coexistir com a obra de Cage, um tanto como as *Rítmicas* do cubano Amadeo Roldán com *Ionisation* de Varèse.

Apesar de mais velha que Ruth Crawford, de quem foi aluna, Johanna só começou a compor na década de 1930, precisamente quando Ruth, depois de chegar ao ápice da aventura na "melodia de intensidades" do seu Quarteto de Cordas, de 1931, abandonara a composição. A obra de Johanna, ao que tudo indica na linha do "contraponto dissonante" deduzido dos seus mentores, Cowell e Seeger, e da própria Ruth, poderia assim preencher o vazio composicional de que esta só começou a emergir nos anos de 1950, com a suíte em que tenta recuperar o tempo perdido, mas sem consegui-lo, o voo cortado pela morte prematura. Teria Johanna Beyer tomado o bastão deixado pela sua antecessora e logrado associar em suas obras, e particularmente em sua ópera de nome tão sugestivo, *Status Quo*, a guerrilha dissonante à rebeldia social compartilhada com Crawford?

É difícil saber, por ora, e enquanto não divulgada maior soma de composições e não aprofundado o seu estudo, até que ponto corresponderão elas em qualidade e interesse às expectativas criadas com a maior difusão da polêmica "Música das Esferas". Mas a simples existência desses seis minutos sonoros e o pouco que se sabe de sua autora já deixam uma bela marca no percurso da música do último século e deste, em que o seu breve registro continua a se inscrever. Mulheres. Pois não foi, antes mesmo de Pound e de Eliot, uma mulher, Gertrude Stein, a criadora de "Melanctha" (1904-1905), a primeira escritora estadunidense modernista, a primeira voz experimental do século xx?[4]

---

4 Novos CDs vieram a documentar a obra de Johanna Beyer, após a publicação deste estudo. Composições suas têm sido incluídas especialmente em discos de música de percussão, mas foram registradas com grande relevo e maior variedade de formação instrumental no CD duplo *Johanna Beyer* (2008). No CD *Restless, Endless, Tactless* (2011), focado na música de percussão estadunidense dos anos de 1930 e que abrange a obra de outros músicos afins como Henry Cowell e Gerald Strang, ganham relevo as obras da compositora, cuja primeira peça, "Percussion Suite", é de 1933, ano da

primeira execução de *Ionisation*, de Varèse. Talvez seja a primeira vez em que uma peça percussiva traga a marcação *soto voce*, observa o musicólogo John Kennedy, um dos responsáveis pela revalorização de Johanna. O disco leva o título de uma outra composição dela, de 1939, em três movimentos, dedicada a John Cage. O segundo movimento, "Endless", com a duração de cerca de dez minutos, é um dos mais radicais e impressionantes exemplos do protominimalismo percussivo da autora, como assinala ainda Kennedy. Muito significativa e original me pareceu outra obra sua, *Fragment* (1937), para orquestra de câmara, gravada em 1998 pelo Ensemble Resonanz, de Hamburgo, e que foi divulgada pelo YouTube. Pode-se, assim, ter uma ideia bastante completa da relevância da compositora, que continua a ser reconhecida e estudada.

5.

Tania León, Cubamericana?[1]

Quando escrevi, em artigos anteriores, sobre algumas raras compositoras da modernidade musical reveladas no fim do século passado, das pioneiras estadunidenses Ruth Crawford e Johanna Magdalena Beyer à octogenária russa Galina Ustvólskaia, não tinha ainda notícia da cubana Tania León. Quem vir as suas fotografias publicitárias vai certamente achar que se trata de uma atriz de cinema ou de uma cantora. Seu nome, aliás, empata letricamente com o da celebrada Célia Cruz. Não, Tania León, beldade negra, não é nada disso, mas – pasmem! – uma compositora e regente de música contemporânea. Nasceu em 1943 em Havana e, pianista clássica formada, viajou em 1967 com uma bolsa de estudos "lotérica" para os Estados Unidos, onde se fixou, sem ser uma fugitiva do regime de Fidel ou uma opositora dele. Segundo diz, queria simplesmente aperfeiçoar-se em sua arte e como o contexto certo eram os Estados Unidos para lá se foi, sem ser incomodada. "Quando deixei Cuba" – afirma em uma entrevista a Frank J. Otteri em 1999 – "eu era apenas uma estudante de conservatório e não constituía uma ameaça para ninguém. Eu era invisível" Só voltou em 1979 para rever a família, que continua a visitar periodicamente, via Cancun. Não sabe se sua música terá sido alguma vez executada em Cuba, onde nunca tocou ou regeu suas composições, embora já o tenha feito inúmeras vezes na Europa e nos Estados Unidos.

Cubana ou estadunidense? "Considero-me uma compositora americana" – diz ela –, "e as Américas abrangem a América do Norte,

---

1 Publicado no jornal *Folha de S.Paulo*, Caderno Mais, em 15 de dezembro de 2002, sob o título "Folklore Dissonante", não aprovado pelo autor (quem lê o artigo sabe que não se trata de *folklore*).

a América Central, a América do Sul e o Caribe". Política? "Não sou um animal político" – afirma numa outra entrevista (a Ronald de Feo) – "minha posição política é respeitar a humanidade, não separar as pessoas pela raça, tradição ou sexo". O interessante é que, apesar de obviamente afro-cubana, ela recusa esse binômio conceitual para definir-se como pessoa e como ente musical. Afirma que tem sangue cubano, espanhol, francês e chinês (seu avô paterno era sino-cubano) e uma vocação naturalmente multicultural, originária de sua imensa curiosidade pelo desconhecido. E estende essa consideração à própria música tida como cubana, em que encontra ritmos de mais de uma região africana, e não apenas de ascendência nigeriana, mas igualmente de forte influência hispano-arábica, além de traços ameríndios e chineses. "A música cubana é totalmente sincrética, de muitos estilos e culturas", afirma. Aos quatro anos de idade já estava no conservatório aprendendo música erudita, pela qual revelara incomum interesse ouvindo rádio. Supõe que se interessara por ser diferente de tudo o que comumente ouvia. "Meu coração curioso", "minha mente curiosa", são expressões que ela usa para se definir. Mas tocava Ernesto Lecuona e os *standards* populares da época e estava ao par de todo o repertório musical recentemente revivido pelos velhos mestres do Buena Vista.

Posso cantar e tocar tudo o que o Buena Vista Social Club está fazendo porque é o que eu cresci ouvindo e cantando e dançando. Era a música da minha vizinhança. Eu poderia usá-lo em minha música. Mas transformado. As pessoas daqui, porque sabem de onde eu sou, poderiam dizer que é música "cubana", mas ela poderia não ser "cubana" em Cuba.

Sua carreira profissional começou quando foi convidada, em 1969, pelo coreógrafo Arthur Mitchell a integrar o Dance Theatre of Harlem, do qual foi arranjadora e diretora musical, antes de experimentar a composição. Sua curiosidade e seu despreconceito a levaram a se interessar pelas obras mais complexas da música contemporânea, como as de Boulez, Stockhausen e Elliot Carter, ou pelo estudo da tabla (intriga-a o comprimento da frase na música indiana). Mas chegando aos Estados

Unidos, teve o primeiro grande choque musical ao ouvir o pianista Art Tatum, que, diga-se de passagem, também foi muito admirado pelo desconstrutor das pianolas, o grande músico mexicamericano Conlon Nancarrow (este, ao contrário, deixou os "States" pelo México).

Uma característica das composições de Tania, a julgar pelo seu único disco solo, *Indígena*, editado pela CRI em 1994[2], é o ritmo, poderoso e inconvencional. As "raízes" cubanas aparecem, aqui e ali, mas ou atravessam a obra em citações arrevesadas, ou em elaborações percussivas que soam como construções inteiramente novas. Em suas entrevistas, não a vi mencionar Amadeo Roldán, o compositor cubano que muitos consideram precursor de Varèse com as suas descarnadas *Rítmicas* todo-percussivas (1930), não obstante a marca dos ritmos convencionais. Parece-me um elo pertinente, mesmo que ele possa não ter influenciado a compositora, pouco divulgado como é, dentro e fora de Cuba.

O disco solo a que me refiro traz cinco composições, dominadas por ritmos agressivos, aqui e ali denotando algum vínculo com o folclore cubano, mas nunca apresentadas folcloricamente, transmudadas em ferozes polirritmias de acentos deslocados e imprevistos, muito distantes da regularidade pulsodançante da música popular: "Indígena" (1991), para orquestra de câmara; "Parajota Delaté" (1988), para conjunto de câmara; "Rituál", para piano solo (1987); "A La Par" (1986), para piano e percussão; sem destoar propriamente das outras, "Batéy" (1989), para coro de seis vozes e percussão, é um caso à parte, por se tratar de música escrita em conjunto com Michel Camilo. "Indígena" e "Batéy" são regidas pela própria Tania.

Na composição "Indígena", a mais nova dentre as registradas, em meio a crescentes misturas de ritmo e de pulso em contexto harmônico dissonante emergem frases carnavalescas puxadas por um trumpete desentoado – ecos da "comparsa", música dançante do carnaval cubano, da qual uma só, "La Jardinera", é breve mas literalmente citada, segundo esclarece o crítico K. Robert Schwarz – para logo submergirem, desconstruídas, nos arrancos rítmicos desencontrados que

---

2 Dois novos CDs de sua obra foram editados: *Singin' Sepia* (2008) e *Tania León: In Motion* (2011). Ver sobre o primeiro, em "Black on Black White on White", supra, p. 32-34.

dominam a obra. "Rituál" traz à mente algo da russa Ustvólskaia pelos *ostinatos* e pelo uso da tessitura do piano, que obriga o instrumento a alternar seus ritmos do mais grave ao mais agudo em largos intervalos. Mais colorida, "A La Par" se deixa invadir por uma variedade de ruídos percussivos, que se contrapõem ao piano em truncadas linhas paralelas e acabam por envolvê-lo nas angulosidades de suas explosões, interrompidas pela citação dos compassos congelados de uma rumba, até o engolfarem em apaziguantes ressonâncias vibrafônicas. Na mais lírica das composições, "Parajota Delaté" (Para J., da T.), homenagem natalícia de Tania à compositora Joan Tower, as pulsões rítmicas são atenuadas em favor de maior fluidez instrumental, para as intervenções ondulantes de sopros (flauta e clarinete), violino e violoncelo, que apenas sugerem, num contexto harmônico atonalizante, um arroubo melódico que não chega a acontecer. Tudo se passa num ambiente ultramodernista, lembrando, em linguagem atualizada, a fase mais inventiva de Villa-Lobos – a dos Choros e do esplêndido e sonegadíssimo *Noneto*. A última obra do disco, "Batéy" (1989) – espécie de cantata, em parceria com Michel Camilo, talvez a mais comunicativa das composições – tenta um difícil equilíbrio entre a linguagem marcadamente discursiva e tonal de Camilo e a mais aventuresca e experimental de Tania. O pianista e compositor dominicano Michel Camilo (1954-), figura exitosa do que chamam de *latin jazz scene*, parece mais interessante nesse âmbito do que no da música clássica contemporânea, ao que também se espraia, mas onde seu conservadorismo concertístico mostra-se muito defasado. O risco foi assumido voluntariamente e – digamos – com generosidade por Tania. Até que conseguem um compromisso razoável. Mas o estilo da compositora logo se evidencia nas partes mais ousadas – as intervenções de um e de outro estão autoralmente demarcadas – que são as que ela assina: algumas passagens em iorubá de "Ritos", num contraponto de palavras entrecortadas à maneira do *hochetus* medieval (do francês, *hoquet* = soluço), sílabas e silêncios das várias vozes se interceptando num enredo complicado; as canções *a cappella* de "Rezos", com um impossível solo vocal grave-agudíssimo para contratenor, e "Tarura" (em *scat singing*). O texto – uma

mistura colageada e fragmentária de espanhol, cubano e iorubá –
quer homenagear Luther King na única palavra inglesa que contém
(*dream*) e traz esta reminiscência afetiva da infância cubana da compositora: "Llevo dentro del corazón / la buena drume / negrita dru…"
A latinoamericanidade implícita e ritualística junta essas peças de
linguagem musical um tanto díspar, onde se sobressai a maior criatividade de Tania. Indagada por Frank J. Oteri sobre sua forma de
compor, se sua música é dodecafônica, se usa técnicas seriais, ela
desconversa, dizendo que não tem ideia de como suas composições
possam ser codificadas ou classificadas, que assimila uma grande
quantidade de informações e se espanta com o que os musicólogos
encontram em suas criações, as quais, a seu ver, estão em constante
movimento e evolução.

Resta conferir as numerosas outras obras da compositora pan-
-cubana, que somam, numa recente listagem, mais de quarenta,
incluindo a ópera "A Scourge of Hyacinths" (Um Flagelo de Jacin-
tos), baseada numa peça radiofônica de Wole Soyinka, encomendada
em 1994 pela Bienal de Munique e que, com montagem e cenários de
Robert Wilson, teve diversas apresentações na Europa e no México, a
partir da estreia em Genebra em 1999. Pelo que se ouve em seu disco
não há a menor dúvida quanto aos méritos de Tania León. Enquanto
não conhecemos, a não ser pela rica amostragem de "Indígena", o
conjunto de sua produção, só cabe esperar que o sucesso não tenha
transtornado a bravura das surpreendentes composições que se enfei-
xam nesse álbum e nos revelam mais uma compositora à esquerda
da esquerda.

Tania León.

Saariaho

6.

Saariaho: Mélos Sem Mel[1]

Saariaho. Esse nome de sonoridade estranha é o de mais uma compositora fora do tom, que começa a brilhar neste começo de novo século, mantendo acesas e luminosas as propostas das vanguardas musicais do século xx. Finlandesa, nascida em Helsinki, em 1952, Kaija Saariaho é uma das grandes surpresas da nova safra de compositores que emergiu nos últimos anos. Na sua formação musical, chamam a atenção os estudos em 1979, em Siena, com o italiano Franco Donatoni e em 1980-1982, em Freiburg, com o inglês Brian Ferneyhough, figura de proa da chamada "nova complexidade". Influenciou-a também, sobremodo, a música "espectral" dos franceses Tristan Murail e Gérard Grisey, fulcrada na microanálise dos harmônicos superiores do som. A partir de 1982, iniciou-se nas técnicas digitais frequentando os cursos do Ircam, o famoso Instituto de Música dirigido por Pierre Boulez em Paris, onde passou a viver e a trabalhar. Antes de dedicar-se à música, estudou na Universidade de Artes Visuais de Helsinki, episódio não descartável de sua vida artística, dados os seus interesses interdisciplinares. Suas primeiras composições conhecidas datam do fim dos anos de 1970, mas suas obras principais, que se desenvolvem a seguir com crescente intensidade, só vieram a alcançar maior repercussão na década de 1990, quando sua música começou a ser interpretada por quartetos conhecidos como o Kronos e o Arditti e a ser difundida em gravações de companhias de maior porte, com a participação de artistas renomados como o violinista Gidon Kramer e o maestro Esa-Peka Salonen.

---

1 Publicado no jornal *Folha de S.Paulo* (Caderno Mais), em 15 de junho de 2003.

Dentre as suas composições mais relevantes estão "Laconisme de l'Aile", para flauta (1981-1982); "Lonh", para soprano e eletrônica (1995-1996); "Près", para violoncelo e eletrônica (1992); "Noa Noa", para flauta e eletrônica (1992); "Amers", para violoncelo e conjunto (1992); "Six Japanese Gardens", para percussão e eletrônica (1999); "L'Aile du Songe", para flauta e orquestra (2000). A ópera *L'Amour de Loin* estreou em Paris em 2001. E há notícia de uma composição orquestral mais recente, "Orion", apresentada em janeiro de 2003 nos Estados Unidos. No CD-ROM *Prisma* (1999) de que tratarei mais adiante, podem-se ouvir ainda, além da música eletrônica que leva esse título e das execuções integrais de "Amers" e "Mirrors" (1997), fragmentos de outras composições importantes: "Du Cristal" (1989), "Nimphea" (1987), "Fall" (1995), "Caliban's Dream" (1996), "La Dame a la licorne" (1993), "Graal Theatre" (1996).

Uma característica de Saariaho, que sobressai à primeira audição, é o seu radicalismo. Ela não facilita. Leva suas perquirições musicais às últimas consequências. Mas o faz com inteligência, sensibilidade e até com *glamour*. Ela quer criar música para ser ouvida, e não apenas apreciada pela sua escritura. A partir da análise e da síntese exploratória do som, compõe com computador, joga com vozes, instrumentos e eletrônica, mas reelabora a matéria formal dando liberdade aos processos intuitivos com vistas a um resultado expressional impactante. Outra característica é a sua convivialidade com a poesia, que integra visceralmente a sua música, do trovador provençal Jaufre Rudel ao francês Saint-John Perse.

Mas o que chama a atenção, desde logo, é a colorística de suas obras. Menos que o estruturalismo harmônico dos pós-serialistas, a tonalidade ou a atonalidade, o que avulta em suas composições é a presença da materialidade sonora, acentuada por diferentes formas de ataque e de toque e de novas configurações microintervalares, obtidas por técnicas como a da *scordatura* ou desafinação programada das cordas do instrumento – abordagens de crescente interesse nos últimos anos através das obras de compositores como Scelsi, Ligeti, Ferneyhough. Mediadas e sensibilizadas frequentemente pelo texto poético, as composições de Saariaho encantam, convidam à escuta, mais do que se propõem a um severo *approach* de viés técnico.

Preocupam-na acima de tudo o timbre e as microssondagens do som, a cor, o *corpus* sonoro e as suas mínimas reverbrações acústicas, daí resultando uma música extremamente sensorial, plástica, provocativa. Os textos poéticos são instigações vocoverbais, que levam à raiz da fala, onde se confundem, em articulações pré-silábicas, ruidísticas, com o sopro da flauta e o hausto dos ataques do som. "Transformar a respiração em som musical" é um dos lemas da compositora.

Fala-se, a propósito de sua música, em "som-cor", "harmonia-timbre" (conforme Ivanka Stoianova). Ela mesma se diz interessada em "utilizar certos fenômenos sonoros como base da escrita da harmonia". Em outras palavras, o timbre é o ponto de partida para a construção da harmonia, que se processa muitas vezes através da fusão de instrumentos com eletrônica, e a base exploratória do som, o que ela chama de "eixo timbral" (abrangendo as gamas do som claro ao ruído). Há, porém, uma qualidade vivencial nessas obras em que a melodia cede a primazia à "harmonia-timbre". Sim, há vida vivida nesse *mélos* sem mel. Ela diz, por exemplo, que começou a escrever "Du Cristal" quando ouviu pela primeira vez, num exame pré-natal, o coração de seu filho Alex, e que a experiência de ouvir dois corações no seu corpo – um batendo mais rápido, outro mais compassadamente – e mais adiante de observar que o coração do filho que crescia aproximava seu andamento ao das batidas do seu próprio coração, influenciou as soluções rítmicas daquela peça. Esse alento vital anima outras considerações musicais mais específicas da compositora. A flauta e a voz em estreita associação, assim como o violoncelo, contaminados pela eletrônica, são dominantes em sua esfera composicional. Ela afirma que quando pensa na flauta imagina não propriamente uma escala de alturas musicais, mas sim uma gama que vem dos sons mais graves, ruidísticos, com muita respiração, aos sons mais agudos e brilhantes nos registros altos. É uma escala material, timbrística, do ruído ao som, a que ela tem em mente, antes que uma escala intervalar. Utiliza todo um arsenal de técnicas para produzir sons inusitados: sons soprados, sussurrados, silabados, fala e canto simultâneos com o som da flauta, estalos, cantos, *vibratos* e *glissandos*, trilos com harmônicos. O mesmo se passa com o violoncelo, para o qual ela visualiza um quadro variável de sons claros, tocados normalmente, contrapostos à gama de ruídos produzida por várias práticas, como o emprego do arco em regiões inusitadas do instrumento, os toques *sul tasto* (sobre o *tasto*, ou divisória das cordas) ou *sul ponticello* (na região do cavalete), os *tremolos* e suas variantes. Posto que há muito integradas ao repertório da música contemporânea (lembre-se o exemplo paradigmático dos *Cinco Movimentos Para Quarteto de Cordas*, op. 5, de Webern ou o da *Suíte Lírica* de Berg), essas técnicas são alvo aqui de uma sistematização obsessiva, que acaba constituindo um traço caracterológico da compositora.

Embora a música de Saariaho possa ser ouvida, a essa altura, em diversas gravações, o álbum *Prisma* (1997) merece consideração especial porque, a par de difundir, na íntegra, em CD de áudio, algumas de suas obras mais significativas, contém ainda um CD-ROM, a meu ver modelar como construção comunicativa e que constitui uma introdução sofisticada, abrangente e cativante do seu trabalho. Pioneiro, nesse sentido, foi o CD-ROM *All my Hummingbirds Have Alibis*, com a música eletrônico-vocal de Morton Subotnik, lançado em 1991 pela extinta produtora Voyager, de Nova York[2]. Beneficiado pela riqueza informacional dos novos *softwares* e por uma concepção criativa, com mais de quinze horas de animações, o multimídia de *Prisma*, além de proporcionar uma torrente de audições analisadas e de informações sobre Saariaho e seus métodos de trabalho, vai animar o usuário, por certo, a ouvir as composições "Lonh", "Près", "Noa Noa" e "Six Japanese Gardens", que se encontram no áudio, amostragens exuberantes da sua obra, com ênfase respectivamente na voz, no violoncelo, na flauta e na percussão. "Lonh" é um capítulo à parte. A música provém da canção do trovador provençal Jaufre Rudel, que se ouve parcialmente no idioma e na melodia modalizante original

---

2 Produzido pela Voyager Company, em operação de 1984 a 1997, para plataformas Mac, infelizmente não é mais lido pelos novos sistemas da Apple. O mesmo aconteceu com outras preciosidades da Voyager como o CD-ROM dedicado à *Sagração da Primavera* de Stravínski – *Companion to Stravinsky's Rite of Spring* (1992) – que o espectador podia abordar em detalhe, de várias maneiras, analisando trechos com áudios individualizados por partitura e instrumentos, e com abundância de informações.

e que renasce em torturada desconstrução expressiva, sob o crivo da linguagem espectrossensorial – a harmonia de timbres – da compositora. Quem certamente a introduziu no universo trovadoresco foi o poeta Jacques Roubaud, seu amigo, de quem musicou também um texto poético, e que é um especialista na poesia em "langue d'oc". "Lohn", que significa "longe", em provençal, daria origem à ópera *O Amor de Longe*, em que é tematizada a vida de Rudel, já encenada na Europa e nos Estados Unidos, depois de sua estreia parisiense. A poesia avulta ainda num outro CD em que reina a flauta, sob inspiração dos textos de Saint-John Perse, em duas composições, "Laconisme de l'Aile" e "L'Aile du Songe", que Saariaho faz entremear com a leitura de poemas do livro *Oiseaux*, em "ambientação sonora" de cantos de pássaros mixados a flauta e a material computadorizado.

Criado sob a supervisão de Saariaho e Jean-Baptiste Barrière, o CD-ROM de *Prisma* é dividido em cinco seções: "Nuages" (Nuvens), "Moissons" (Colheitas), "Spectres" (Espectros), "Amers" (Amargos), "Mirrors" (Espelhos), cada qual subdividida em outras tantas, com fartura de material musical e visual. A primeira seção apresenta autobiografia, entrevistas e opiniões de Saariaho, além de trechos de composições de suas várias fases numa imaginária sala de concertos com interpretações ao vivo. Narrada fragmentariamente pela compositora, a autobiografia se articula sobre variações metamórficas do seu rosto, montadas sobre fotos e vídeos digitalizados, com resultados expressivos e imprevistos. Em "Colheitas" podemos contatar os intérpretes, o violoncelista Anssi Kartunen e a flautista Camila Huitinga, que nos levam a conhecer intimamente as técnicas utilizadas nas composições, com apoio em vídeos, partituras e vocabulário didático. "Espectros", a cargo de Jean-Baptiste Barrière, explicita as ferramentas digitais e eletrônicas de que Saariaho se utiliza, os procedimentos de análise, síntese e filtragem sonora, os vários modos de tratamento do som, em estúdio e ao vivo. "Amers" nos põe em contato com essa composição, explicada minudentemente, com acesso à partitura, pela musicóloga Ivanka Stoïanova, que nos traz também informações sobre a gênese da obra e as suas relações com a poesia de Saint-John Perse. "Mirrors", finalmente, é uma composição interativa especialmente feita para provocar a intervenção lúdica do usuário, que também pode ouvê-la num belo vídeo de imagens ondulatórias criado por Jean-Baptiste Mathieu. A programação digital da peça, escrita para flauta e violoncelo, com disposição visual em duas pistas coloridas acompanhadas dos respectivos fragmentos partiturais, permite que se rearranjem os fragmentos pré-gravados numa reconstrução livre ou de acordo com os critérios estipulados pela compositora. A concepção de todo o CD-ROM é muito atrativa, sugerindo novos caminhos para a veiculação e a assimilação da música contemporânea: as provocações e surpresas audiovisuais que o CD multimídia desencadeia estimulam o espectador a deixar a apatia e a enfrentar a maior complexidade e novidade dessa linguagem musical em relação aos padrões habituais da música de consumo[3].

Uma das mais bem-vindas novidades na área da música erudita nos últimos tempos foi o crescente número de compositoras significativas. Ustvólskaia, Gubaidulina, Tania León, Saariaho, para citar algumas das mais eminentes cujas obras despontaram ou foram reveladas nas duas últimas décadas, revitalizam a paisagem musical, trazendo para a linguagem contemporânea, sem perda de rigor ou radicalismo, as marcas da intuição, da sensorialidade e da sensibilidade, características do universo feminino, que matizam e reanimam as tantas vezes áridas sondagens da música-pensamento.

---

3 Infelizmente, como no caso dos CD-ROMs da Voyager, esse também só pode ser acessado através de um PC-Pentium de configuração mais antiga ou, na plataforma Macintosh, até o sistema operacional Mac OS 9 ou, com muitas limitações, em posteriores que tenham alguma compatibilidade com o chamado Classic Environment, o que já não acontece com as máquinas mais recentes da Apple, que usam microprocessadores Intel. Perdeu-se uma enorme riqueza de informações e uma modalidade particularmente interessante de recepção para o apreciador de música. É curioso como certos avanços tecnológicos ainda possam vir acompanhados de retrocessos qualitativos tão expressivos na era da comunicação digital e multimidiática. Perversidades da tecnologia...

7.

Machaut, Músico e/ou Poeta[1]

O caso de Guillaume de Machaut (1300-1377) é raro na historiografia musical e literária. O grande músico francês, revalorizado pelos modernos radicais como Varèse, Boulez, Ligeti, é o criador da deslumbrante *Messe de Nôtre Dame*, a primeira missa polifônica completa composta por um só autor, obra ascética e iluminada que é a encarnação do gótico em música, na numerologia de suas bizarras simetrias a quatro vozes, na angulosidade de seus desenhos harmônicos eriçados de intervalos dissonantes, na arquitetura perfeita de suas células isorrítmicas. Mas ele é também poeta relevante, embora sua obra literária não tenha sido até hoje realçada como merece.

Enquanto se multiplicam as gravações de sua missa e suas canções, os dois volumes que contêm a sua poesia lírica (*Poésies Lyriques*, Paris: Campion, 1909) foram reimpressos em fac-símile em 1973, com organização de Vladimir Chichmaref (Genebra: Slatkine), e não foram mais reeditados. Assim também a coleção das suas obras, em três tomos, supervisionada por Ernest Hoepffner (*Oeuvres de Guillaume de Machaut*, Paris: Firmin Didot, 1908-1911 e Champion, 1921)[2]. Além de algumas publicações parciais de sua obra, entre elas a que

---

1 Publicado na revista eletrônica *Cronópios – Literatura Contemporânea Brasileira*, em 15 de fevereiro de 2009.

2 A Slatkine reeditou *Poésies Lyriques*, em dois volumes, em 2013, a altos preços; porém, a edição original pode ser consultada, assim como outras obras de Guillaume de Machaut, no *site* da Bibliothèque Nationale de France: <gallica.bnf.fr>. Felizmente, a Internet supre essa escassez livresca com vários outros portais dedicados a Machaut, entre os quais: o artigo da Wikipedia nomeado "List of compositions by Guillaume de Machaut"; "Machaut: Discography, Biography, Lyrics" (www.medieval.org); "Guillaume de Machaut (c.1300-1377) – Vocal Texts and Translations at the LiederNet Archive" (www.recmusic.org), "Free sheet music: Machaut, Guillaume de ~ Ballades (Voice)" (www.free-scores.com), contendo uma edição parcial de sua obra vocal com transcrição em partituras modernas. E dessa há muitos exemplos no YouTube.

saiu em 1999, uma bem cuidada edição crítica, bilíngue, do francês antigo para o moderno, elaborada por Paul Imbs com a colaboração de Jacqueline Cerquiglini-Toulet e Noël Musso; e outra publicação, espantosamente em livro de bolso foi *Le Livre du voir dit*[3] (O Livro do Vero Relato), narrativa epistolar entremeada de poemas, sem dúvida de muito interesse, mas em que se encontra apenas uma pequena parte de sua numerosa poesia lírica. Esta pode exprimir-se nas complicadas estruturas dos *virelais* e dos *lays*, que põem num mesmo poema estrofes variadas com versos de duas a dez sílabas e rimas iguais em cascata, e ainda em outras formas aparentemente mais simples, as remansosas baladas, às vezes coloridas de um estranho clima alegórico, como "Phyton, le merveilleux serpent", e os rondós minimalistas como "Quand Colin collait colie", de ousadas aliterações e paronomásias, ou o pré-conceptista e metalinguístico "Ma fin est mon commencement".

Desses poemas (cerca de quatrocentos) mais de uma centena foi musicada por Machaut em composições de até quatro vozes, que transfiguram os textos mais convencionais e arcoirisam de desenhos melódicos e harmonias imprevistas os mais significativos. Os *virelais* e os *lays*, como "Pour ce qu'on puis mieus retraire", têm musicalização silábica, que torna os textos mais reconhecíveis, e são predominantemente monódicos. Com tratamento polifônico, as baladas (em geral três estrofes de oito linhas com estribilho) e os rondós (apenas oito linhas, em que as primeiras duas se repetem no final e a primeira mais uma vez no quarto verso, com o reforço de rimas ricas ou paronomásticas) são meandros de melismas, que se distendem paroxisticamente no minimalismo textual dos rondós. As pausas e as síncopes, provocadas pelo sutil entrelaçamento das vozes, frequentemente na modalidade do *hochetus* (em que uma voz entra no vazio da outra, em rápida sucessão –"dum unus cantat alter tacet" – enquanto um canta o outro cala), completam a estrutura sonora inusitada. Nas baladas triplas e nos motetos, o emaranhado das linhas sobrepõe ou entremeia até três textos diferentes simultaneamente cantados,

Trecho de manuscrito contendo partitura de "Ma fin est mon commencement" e Guillaume de Machaut em miniatura (cerca de 1370-1380).

3 Paris: Le Livre de Poche, 1999.

Est tenement vraiement . Ma fin est mon commencement . Mes tiers chans iij . fois
seulement . se retrograde . et einsi fin . Ma fin et mon commancement . et mon comencemt
ma fin.

como na tripla "De triste cuer" / "Quant vrais amans" / "Certes, je di", em que os poemas têm em comum, além das rimas, o estribilho "Triste, dolent, qui larmes de sanc pleure", para o qual convergem as vozes díspares. Como observa Gilbert Reaney, musicólogo inglês especialista na obra de Machaut, o uso que este faz da dissonância é extremamente elaborado, em parte devido aos vocais sincopados de duas ou mais vozes, que envolvem formações harmônicas com intervalos de segundas, quartas, sétimas e nonas.

Descendente dos trovadores da antiga Provença e dos *trouvères*, Machaut eleva, um século depois, os textos líricos a um patamar de alta complexidade musical, impulsionado pelos seus predecessores Leoninus e Perotinus, os primeiros polifonistas da Escola de Nôtre Dame. Mais que um poeta-músico, é um músico-poeta. "Ma fin est mon commencement", talvez a obra-prima da sua lírica profana, constitui uma pequena joia de música-poesia, perfeita, única, na qual a equivalência entre o verbal e o não verbal se revela mais intensa, ainda que o texto pareça extremamente simples diante de sua elaborada exploração musical. Mas é essa simplicidade extrema – às vezes mais difícil de atingir do que o difícil – que propicia o seu inusitado desenvolvimento sonoro. Eis o poema, que tem a forma do rondó, no original e em tradução:

MA FIN EST MON COMMENCEMENT	MEU FIM ESTÁ NO MEU COMEÇO
Ma fin est mon commencement	Meu fim está no meu começo
Et mon commencement ma fin.	E meu começo, no meu fim.
Est teneüre vraiement	Outro destino não conheço
Ma fin est mon commencement.	Meu fim está no meu começo.
Mes tiers chans trois fois seulement	A canção três vezes do avesso
Se retrograde et ainsi fin.	Se retrograda e acaba assim.
Ma fin est mon commencement	Meu fim está no meu começo
Et mon commencement ma fin.	E meu começo, no meu fim.

Partitura moderna de "Ma fin est mon commencement"

Consciente ou inconscientemente, o tema iria reecoar, em nossa época, nos Quatro Quartetos de T.S. Eliot: "in my beginning is my end... in my end is my beginning".

Na transposição musical de Machaut a distensão melismática se torna isomórfica com o tema da recorrência entre começo e fim, fim e começo. Mas o tratamento icônico-musical que lhe dá Machaut vai ainda mais longe. Ele cria com as três vozes uma espécie de cânon em espelho: na parte superior as linhas melódicas são uma o contrário da outra, invertendo as mesmas notas, do começo ao fim, enquanto na terceira voz – o contratenor – a melodia reverte sobre si própria a partir da metade da composição. Esse engenhoso compósito inter- e intraespecular acaba por estruturar um todo harmônico e contrapontístico de extraordinária beleza. O texto, que se autodescreve, menciona, talvez pela primeira vez, segundo Reaney, a expressão "retrogradar", hoje incorporada à terminologia musical.

Em nossa época, Webern, que Herbert Eimert denominou "o arquiteto monádico da forma-espelho", seria um exímio cultor dessa arte, embutida no próprio método dodecafônico, levada por ele ao extremo radicalismo nas células microespeculares do seu *Concerto para 9 Instrumentos, op. 24*, com resultados magníficos pela clareza cristalina de sua arquitetura. Mas o diamante de Machaut brilha através dos tempos, signo da obra grandiosa do músico-poeta de Nôtre Dame, cuja poesia clama por uma reedição à altura das inúmeras releituras musicais que lhe foram sendo crescentemente dedicadas ao longo do século xx, para não mais cessar.

8.

Stockhausen, Multimúsico[1]

Não é difícil mensurar hoje, quando já célebre e celebrado o compositor Karlheinz Stockhausen[2], o significado que teve, para nós do grupo concreto, a sua descoberta nos anos de 1950. Contemporâneo nosso, um ano mais moço que Pignatari, suas primeiras composições de choque foram aparecendo ao mesmo tempo que as nossas no campo da poesia, ao longo daquela década. Boulez e ele nos pareceram, desde logo, especialmente a partir da escuta de *Le Marteau sans maître* (O Martelo Sem Mestre, 1952-1954) e *Gesang den Jünglinge* (Canto dos Adolescentes, 1955-1956), as estrelas maiores de uma constelação de florescentes talentos musicais que incluía Nono e Berio, Pousseur, Ligeti, Xenakis e outros compositores jovens de magna expressão. Boulez, ademais da música, por seus escritos de crítica musical, notáveis não só pela implacável lucidez como pela beleza estilística quase mallarmaica de sua linguagem. Por isso mesmo – e pela sintonia que tinha a nossa poesia com as propostas musicais que formulavam – foram eles muito invocados por nós e postos, emblematicamente, em lugar de honra no *Plano Piloto Para a Poesia Concreta*, de 1958.

De todos os compositores daquela extraordinária geração que emergiu na Europa na segunda metade do século XX, Stockhausen foi talvez aquele que mais ostensivamente ilustrou a passagem do universo pré-serial weberniano para o da nova música serial eletroeletrônica (refiro-me, evidentemente, ao uso abstrato, não referencial e não imitativo dos recursos das novas mídias sonoras).

---

1 Publicado no jornal *Folha de S.Paulo* (Caderno Mais), em 17 de junho de 2001.
2 Nascido na Alemanha em 1928, o compositor veio a falecer nesse país em 2007.

Boulez, concentrado e perfeccionista, seguiu polindo e repolindo seus diamantes. Stockhausen, multimúsico, mais aberto e desmesurado, explorou praticamente todas as linguagens sonoras abertas pelas mídias eletroacústicas. Tendo-me ocupado tanto de música contemporânea, não cheguei a escrever detidamente sobre ele, embora sempre o referisse com destaque, talvez porque o brilho de sua obra fosse tão evidente, sua notoriedade tão precocemente reconhecida que eu tenha preferido tratar de outros compositores menos difundidos ou mais questionados, dando por óbvia a sua identificação como protagonista principal da renovação da música contemporânea na segunda metade do século xx. Mas nunca é demais relembrar sua relevância, ao se anunciar a segunda visita do compositor, já septuagenário, ao Brasil para uma apresentação de suas obras, ainda mais quando se considera o pouco caso com que é tratada a música erudita moderna entre nós, sonegada de programas e concertos, rejeitada por regentes e intérpretes tão timoratos quanto carreiristas e servida sempre em doses medidas e homeopáticas.

Stockausen é compositor prolífico e não vou fazer aqui a análise de todas as suas obras, sempre brilhantes e inovadoras, que já no fim dos anos de 1970 abrangiam nada menos que quarenta LPS só no catálogo da Deutsche Grammophon. Destacarei algumas dentre as que mais me tocaram, além do já citado *Canto dos Adolescentes*, peça fundante que combina com admirável harmonia sons vocais cantados e produzidos eletronicamente, transformando o texto bíblico em que se baseia, atomizado e espacializado, num novo alfabeto sonoro no qual as palavras flutuam, ressensibilizadas, como que pronunciadas pela primeira vez, em diversos graus de inteligibilidade.

Da primeira fase ainda, *Zeitmasze* (Medidas de Tempo, 1955-1956), para quinteto de sopro, que distende até o limite as durações dos instrumentos e inclui marcações como "tão rápido ou tão lento quanto possível", perturbando a noção de temporalidade sonora. *Carré* (1959-1969), para quatro orquestras e quatro coros, investiga ao máximo a espacialização e a interação dos grupos instrumentais. *Kontakte* (1959-1969), uma das primeiras, mais convincentes e mais consequentes peças eletrônicas jamais elaboradas, incorporando ademais, na segunda versão, percussão e piano num intercâmbio rico de consequências entre o elétrico e o acústico. As peças para piano (*Klavierstücke*), as mais difíceis e indigestas, com seu ápice na XI (1956), arquipélago-móbile de ilhas sonoras, uma resposta às provocações da indeterminação de Cage (na partitura, uma única folha de 53 x 93 cm, dezenove grupos de notas distribuídos irregularmente ensejam a escolha aleatória do desenvolvimento e alguns parâmetros sonoros por parte do intérprete), composição que, no dizer de Kyle Gann, faz o piano emular o sintetizador. *Ziklus* (1959-1960), para percussão, com o executante em movimento aleatório no centro de um círculo de instrumentos, expandindo as pesquisas de forma aberta iniciadas com *Klavierstück XI*.

Suma de todas as pesquisas anteriores, *Hymnen* (1966-1967/ 1969), obra concreto-eletrônica, incorpora hinos de inúmeros países, da Internacional e da Marselhesa (até oito vezes mais lenta que o original) a hinos africanos, tornados menos reconhecíveis ou irreconhecíveis pelo tratamento sonoro, com intervenções dos mais variados sons e ruídos (aves, avião, navio, flamenco, vozerio coletivo, conversas, respiração), numa pasta distorcida de sons fugidios ("algaravia internacional de rádio em ondas curtas", na expressão do compositor) misturados a sons eletrônicos. Na primeira parte, dominada pela Internacional, uma litania em torno da palavra "vermelho" em várias línguas, de arrepiar. No mais, uma arrebatadora viagem sonora na qual eletronia pura e sons/ruídos do quotidiano se interpenetram com uma consistência que não encontramos nas colagens lineares da *musique concrète* de marca francesa. Consciente ou inconscientemente, Jimi Hendrix, no Festival de Woodstock, "desafinando" e arrebentando aos uivos lancinantes de sua guitarra elétrica o "Star Spangled Banner" (Sousândrade, premonitório: "Em farrapo 'Bandeira Estrelada' se viu") deu uma bela resposta intuitiva à provocação dos *Hymnen*. De uma carta a Caetano, então em Londres, em 15 de outubro de 1970:

comprei o "woodstock" no dia da morte de jimi. estava ouvindo aquelas coisas todas sem grande entusiasmo quando cheguei no jimi. tive aquele choque de emoção. pois o antihino de jimi era a réplica barbárica do pensamento popbruto aos hymnen stockhausenianos corroídos pela microfonia e pelas ondas de estática do rádio. woodstockhausen! estava nesse contentamento de redescoberta, eram umas 8 da noite, quando meu filho mais moço veio dizer q a TV estava noticiando a morte de jimi.

Outras obras magníficas: a pré-espectral *Stimmung* (palavra polissêmica cujo sentido principal é "afinação", mas também "disposição, humor"), para seis vozes, de 1968, que explora os harmônicos superiores em mágicos acordes improvisados à invocação de palavras-chave – divindades como Vishnu, Rea, Uranos, Isis, Viracocha, Varuna – e embutindo em sua textura belos poemas sonoristas como "ruseral", em cuja espiral gráfica se inscrevem as instruções partiturais para a leitura e o canto. *Mantra* (1969-1970), para dois pianos e címbalos, de colorido sonoro tão peculiar, multiplicando-se numa gama profusa e inesperada de combinações a partir de uma única célula-mater de treze sons. *Musik im Bauch* (Música no Ventre) e *Zodíaco* (1974-1975), em que o compositor joga com a delicada sonoridade dos címbalos, sinos, marimbas e até caixas de música. *Sirius* (1975-1977), obra complexa na qual os voos eletrônicos de *Kontakte* se projetam em escala teatral, pré-operística, associando-se a trumpete, clarinete-baixo e vozes de soprano e baixo para proporcionar insólitas fusões eletrônico-vocais-instrumentais.

Pode-se questionar a prolixidade da polêmica macroópera *Licht* (Luz) – compósito de sete óperas –, iniciada na década de 1980 e ainda não terminada, o projeto principal de Stockhausen nas últimas décadas. Quanto a mim, não me arrisco a julgá-la, já que não a ouvi na íntegra nem com o necessário empenho, sendo confessa a minha inapetência por óperas e megalobras. O que posso dizer, com segurança, é que *Licht* tem momentos sensacionais, como aquela imprevista irrupção de um coro de buzinas e motores de motocicleta, na cena *Der Jahreslauf* (O Curso dos Anos, 1977), que saíu em disco isolado – uma ideia musical que repercutiu depois, nitidamente, nos prelúdios de buzina de carros da ópera *Le Grand macabre*, de György Ligeti. A última composição de Stockausen que ouvi, o "Quarteto dos

Karlheinz Stockhausen e seu poema visual "Ruseral" (Stimmung).

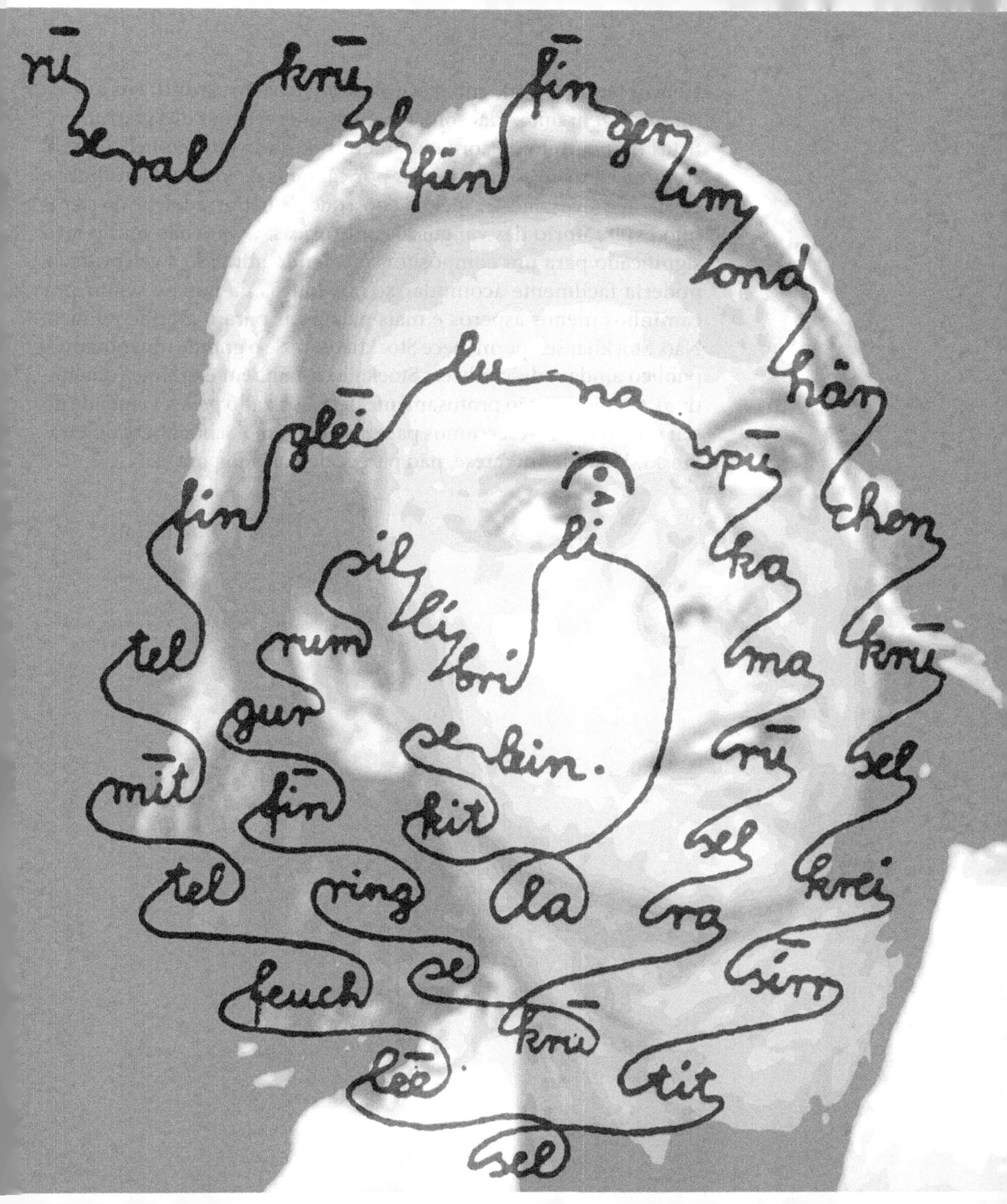
rū
seral
krū
sel
fīn
fūn
gen
lim
lond
lu
na
hän
glei
spū
fīn
li
chen
sil
ka
lī
tel
rum
bri
ma
krū
gur
se
kin.
rū
sel
mīt
fīn
kit
sel
tel
ring
la
krei
ra
se
sīm
feuch
krū
lēē
tit
sel

Helicópteros" (1993), em execução do Quarteto Arditti, em que os rotores fazem um pedal sônico para as intervenções dos instrumentistas do quarteto de cordas, cada um postado em seu helicóptero, comunicando-se com os outros por câmaras de vídeo, microfones e canais auditivos, mostra, pelo menos, que ele não arredou pé do caminho exploratório das vanguardas históricas. O que não tem pouco significado para um compositor que, tendo atingido a celebridade, poderia facilmente acomodar-se nos louros da fama e seguir por caminhos menos ásperos e mais palatáveis para o grande público. Não. Stockhausen permanece Stockhausen. Se o grande (quantitativo) público ainda o desconhece, Stockausen também é grande (qualitativo). O adjetivo, tão profusamente desvalorizado pela leviandade do seu uso, mas que reservamos para poucos como Schoenberg ou Stravínski, Webern ou Varèse, não parece demasiado para ele.

9.

Boulez Permanece

Pierre Boulez foi e é importantíssimo para a criação da nova música que emergiu a partir da segunda metade do século passado. Suas composições, assim como seus artigos críticos sobre a Segunda Escola de Viena, com foco especial em Webern, nos anos de 1950, bem como a ousada síntese dialética com que equacionou as inovações do grupo liderado por Schoenberg com as de Stravínski[1], antes vistos como antípodas, foram essenciais para a formação de uma nova consciência musical.

Ao longo dos anos, Boulez foi um obstinado incentivador da nova música, quer à frente de instituições como Domaine Musicale e Ircam (Institut de Recherche et Coordination Acoustique / Musique), redutos infatigáveis de experimentação permanente, quer através de suas performances como regente, de fato um anti-regente, votado estrategicamente à prática da tradução criativa (transcriAção, não só transcrição) de peças-chave da formação da música moderna. A dedicação com que se empenhou nessas atividades, generosas e radicais, em prol da escuta analítica e da reinvenção do trabalho de outros artistas, deu a muitos a impressão de esgotamento criativo. O mundo das artes não costuma privilegiar o rigor compositivo, que é uma constante dos temperamentos críticos, à Mallarmé, como

---

1 No auge do entusiasmo da "nova música", no início da década de 1950, quando maior era a rejeição vanguardista à obra de Stravínski, reforçada pelo schoenberguismo ortodoxo de Theodor Wiesegrund Adorno, Boulez teve a ousadia de discordar e de defender a relevância da polirritmia na *Sagração da Primavera* e em outras obras do período russo stravinskiano, sustentando que, se os compositores da Segunda Escola de Viena haviam revolucionado a morfologia e a sintaxe musicais, Stravínski, por seu turno, revolucionara a dimensão rítmica. Ver "Stravinsky demeure" artigo publicado na revista *Musique Russe*, tome 1, Paris:PUF, 1953. (trad. bras., "Stravínski Permanece", *Apontamentos de Aprendiz*, São Paulo: Perspectiva, 1995, p. 75.)

o de Boulez. Todavia, num arco de seis décadas, a sua obra, relativameante pequena, de *Sonatine* a *Repons*, passando por marcos definitivos como *Le Marteau sans maître*, *Sonatas Para Piano*, *Livre pour cordes*, *Pli selon pli*, *Dérives*, *Dialogue de l'ombre double*, *Messagesquisse*, revela-se de uma integridade rara, sem contar o que há de criativo nas transcriações que regeneraram nossa escuta, fazendo-nos ouvir *Jeux* de Debussy, a *Sagração*... de Stravínski ou tantas obras de Webern, Berg, Schoenberg, Varèse, como nunca as havíamos ouvido. "Le Marteau sans maître" (1953-1955), em que pesem as restrições que possam ser feitas à falta de homologia do texto poético escolhido com as inovações boulezianas, continua a ser uma das mais altas realizações musicais do século xx. Além de sintetizar os avanços morfológicos da Escola de Viena com os introduzidos pelas células rítmicas stravinskianas, foi, como observou o próprio compositor, a primeira composição a manifestar, efetivamente, entre os músicos europeus, "a influência da cultura extraeuropeia", ou mais explicitamente da música africana e asiática. Concebida para voz, flauta em sol, viola, violão, xilofone, vibrafone e percussões, criou novas e belas constelações sonoras, fundindo estruturas de organização serialista com uma timbrística prismática, multiandamentos surpreendentes e grande diversidade rítmica. As suas obras subsequentes agudizaram a complexidade das suas perquirições musicais, mas jamais perderam a inquietação, o pulso e a pulsação, a disruptura ao mesmo tempo explosiva e organizada, o "artesanato furioso" e o "delírio de lucidez" que sempre caracterizaram o compositor.

Agora, é preciso dizer também que nem tudo o que ocorreu de relevante no desenvolvimento da música contemporânea passa necessariamente pela perspectiva operacional de Boulez. Assim, o universo de John Cage, que, depois do encontro feliz da nova timbrística do piano preparado com as sonoridades renovadoras das sonatas boulezianas, veio a se antagonizar com o do compositor francês, a partir das divergências sobre a introdução do acaso na composição, a ser controlado (Boulez) ou liberado (Cage) pelo compositor.

Assim também as novas vias reveladas com a tardia redescoberta (anos de 1990) de intervenções individuais, circunstancialmente marginalizadas pela sua radicalidade, conjugada ao contexto social em que surgiram. É o caso das micropolirritmias do estadunidense Conlon Nancarrow, exilado de seu país natal por motivos políticos; suas composições chegaram a interessar a Boulez, mas com as reservas de que se tratava de um *approach* intuitivo, a que faltava maior consistência estrutural. Caso também da música "espectral" de Giacinto Scelsi, cujo temperamento arredio contribuiu para a marginalização de seu trabalho musical, mas cujas primeiras obras, conhecidas por Boulez, não foram bem recebidas por ele, aparentemente por restrições análogas às que fez a Nancarrow, com o qual mostrou maior afinidade. Caso ainda das práticas ultradissonantes, não ortodoxas, da vanguarda russa marginalizada pelo jdanovismo – em especial, Galina Ustvólskaia, a quem Boulez parece não ter dado maior atenção, mas que interessou vivamente ao regente holandês Reinbert de Leeuw e seu Schoenberg Ensemble e que possivelmente influenciou, como Nancarrow, um compositor que Boulez aprecia Giorgi Ligeti.

A indisposição que os músicos estadunidenses do círculo cagiano – em particular Morton Feldman – e de críticos posteriores como Kyle Gann assumiram em relação a Boulez, estendida por vezes à música europeia ou centroeuropeia como um todo, não resiste a qualquer exame isento de preconceitos. Apesar das objeções de ascendência cageana e da justa valorização do acaso à qual Boulez não ficou indiferente, a "composição musical" estruturada, com ou sem intervenção casual, é um anseio humano instintivo e o lema de Hoelderlin – "viver é defender uma forma" – adotado por Webern, não parece ter sido abolido, por mais que o acaso persiga um lance de dados. Em suma, a música continua, por caminhos que não podem ser demarcados nem por Boulez nem por Cage. Mas Boulez permanece, e grande, por tudo o que fez pela renovação da música do nosso tempo. Como dizia Pound, "não exigir tudo de um só homem".

Quando Boulez fez setenta anos, em 1995, Dante Pignatari, que dirigia um programa sobre música erudita na Rádio Cultura FM de São Paulo, quis homenageá-lo e convidou o trio da poesia concreta, que havia conhecido o compositor francês pessoalmente em 1954, para falar a respeito dele, num especial dedicado a sua obra. A certa altura, Haroldo propôs que Décio, ele e eu lêssemos sua tradução de 'Un Coup de dés" (Um Lance de Dados), o poema fundamental de Mallarmé. Com uma cópia dela, que passava de mão em mão, improvisamos uma leitura que me pareceu resultar muito bem tendo ao fundo a composição de *Pli selon pli*, que Dante colocou como trilha. Quando conhecemos Boulez em São Paulo, no apartamento do pintor Waldemar Cordeiro, depois de uma conferência que o compositor fez na Escola Livre de Música de Koellreuter, perguntamos ao criador de *Le Marteau sans maître*: "– Há algum compositor que se tenha interessado por musicar o poema 'Un Coup de dés'?" Ele respondeu, lacônico: "– Sim, eu". Não chegou a fazê-lo, mas a composição *Pli selon Pli*, de título mallarmeano, iniciada em 1957, assinala o seu profundo envolvimento com a poética de Mallarmé e com a estruturação aleatória da obra, sob o influxo dos manuscritos do livro livre que Jacques Scherer revelou em seu *Le "Livre" de Mallarmé*, então publicado. Por certo Boulez não quis competir com a musicalidade intrínseca do poema, quando recitado, conforme a sua própria teorização sobre a relação entre poesia e música no estudo "Son et verbe"[2] (1958). De todo modo ficou registrada, acaso por acaso, dobra por dobra, a homenagem do trio Noigandres ao poeta do "Coup de dés" e ao compositor de *Pli selon pli*. E como tudo existe para acabar no… YouTube, busque-se o vídeo "Dante Pignatari – Um Lance de Dados – Ocupação Haroldo de Campos (2011)": pelo menos o breve início da leitura pode ser ouvido naquele *site* onívoro, onde o colocou a sensibilidade de algum internauta solitário e solidário, viajando em música pelos ciberespaços.

Boulez e trecho de partitura de
Le Marteau sans maître.

2 Trad. bras., Som e Verbo, *Apontamentos de Aprendiz*, São Paulo: Perspectiva, 1995, p. 57.

le marteau sans maître

I.
avant «l'artisanat furieux»

pierre boulez

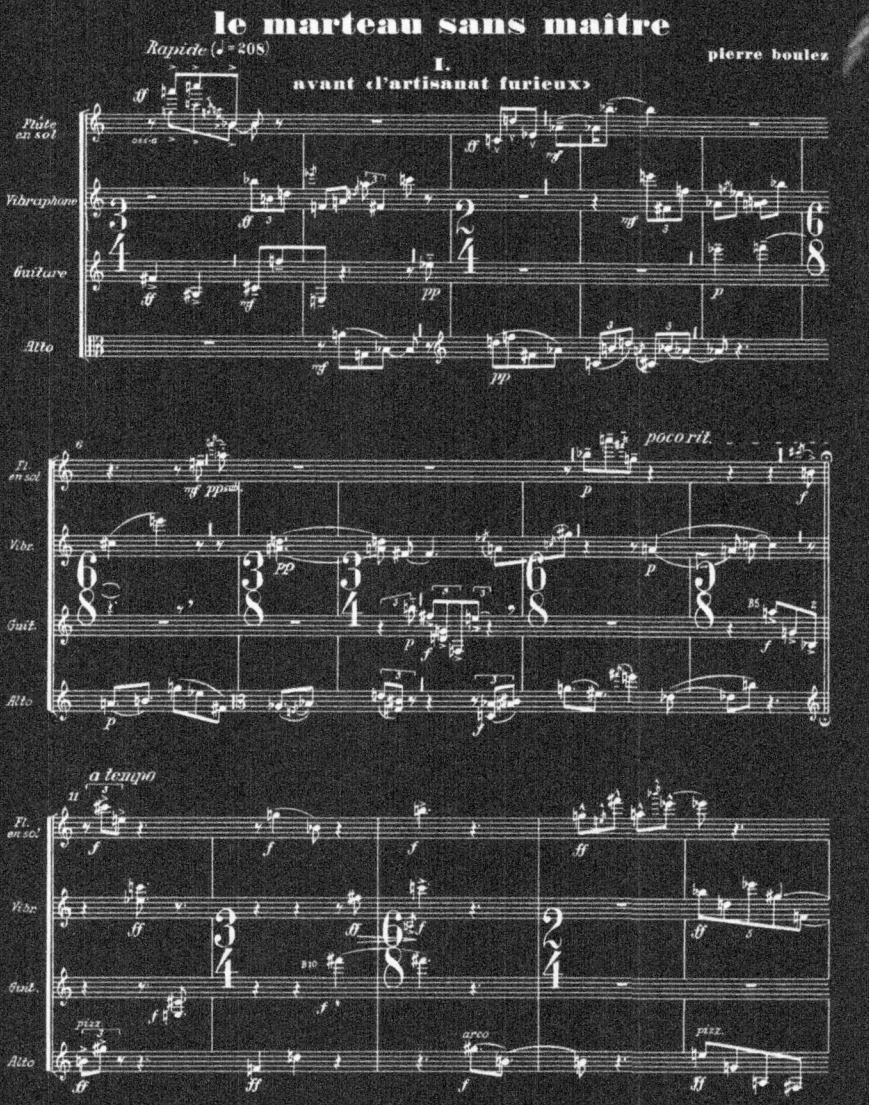

10.

Cummings Entre Músicos[1]

"Para que uma obra tenha sucesso, o seu criador deve fracassar", afirmou Morton Feldman, um dos mais originais compositores do círculo de Cage. "Quantas vezes tive vontade de chegar ao John, depois da audição de um concerto como o de *Atlas Eclipticalis* e dizer: 'Meus pêsames, John, você compôs uma das coisas mais maravilhosas que eu já ouvi.'" De uns anos para cá, Feldman (1926-1987) vem sendo ouvido com crescente interesse. Além do significativo aumento de gravações de suas músicas, foi publicado em 2001 um volume, organizado por B.H. Friedman, *Give my Regards to Eighth Street* (Recomendações à Rua Oito), que reúne um bom número de seus artigos e entrevistas e de onde extraí a citação do início deste artigo.

Feldman é uma figura carismática, estranha, polêmica, contraditória, difícil de caracterizar e de avaliar no quadro da música contemporânea, embora sem dúvida provocadora e fascinante. Numa época em que o ruído e a *loudness*, a estridência e a explosividade sonora parecem constituir componentes inevitáveis da composição, ele optou por uma música pianíssima, quase indiferenciada, antirruído. Sua imagem preferida, nos últimos tempos, era a da tapeçaria oriental. *Coptic Light* (Luz Cóptica) denominou a uma de suas últimas obras, aludindo aos antigos tapetes dos coptas, egípcios cristãos, que admirara no Louvre. Entre parênteses: a imagem da tapeçaria oriental fora também invocada por Stockhausen a propósito de certas texturas sonoras repetitivas de Ligeti, numa das entrevistas que

---

1 Publicado no jornal *Folha de S.Paulo* (Caderno Mais), em 10 de outubro de 2004, com o título modificado, à revelia do autor, para "Tons de Ameaça".

deu a Jonathan Cott[2]. E antes de ambos, no começo dos anos de 1930, a compositora Ruth Crawford usara a imagem dos desenhos complexos dos tapetes persas para justificar as assimetrias e irregularidades de suas composições, conforme se lê na biografia que sobre ela escreveu Judith Tick[3]. De todo modo, nas derradeiras obras de Feldman o símile é levado às consequências as mais radicais. E se Cage, seu reconhecido mestre, parecia optar antes pela precipitação de eventos sonoros do que pela composição no sentido de uma obra definidamente elaborada como tal, Feldman, distanciando-se também da ideia de composição, mas afastando-se dos *happenings* de Cage, dirigiu-se para a elaboração de intrincadas texturas, ou quem sabe contexturas sonoras, que se afiguram sem começo e sem fim. Há aí algo de um pré-minimalismo, mas no qual o minimalismo é também fugidio e extratonal. Embora considerado por todos um compositor "do círculo de Cage", como mencionado de início, e assim o fosse realmente, tendo ambos adotado métodos de indeterminação musical, Feldman afirmava não aceitar o lema cagiano de que "todos podem compor" e pretendia, paradoxalmente, uma personalíssima intervenção nos modos de compor, o que Cage não deixava de reconhecer ao afirmar que a música das composições pré-determinadas da primeira fase de Feldman é Feldman executando a sua música indeterminada.

Uma das marcas de sua personalidade é o enfrentamento com os europeus, especialmente Boulez e Stockhausen, que constituem a sua *bête noire*. Insurge-se contra a perfectibilidade do primeiro, seu profissionalismo e sua ortodoxia, e contra o brilho e a onívora criatividade do segundo, chegando a considerá-los, numa evidente provocação, "popularizadores" da música contemporânea, tal como Gertrude Stein afirmava de Joyce que ele era o incompreendido que todos compreendiam, embora ao mesmo tempo sugerisse que os três maiores prosadores modernos eram Proust, Joyce e... ela. Por trás dessa postura, evidentemente, está a divergência com a ideia de

2 *Stockhausen: Conversations with the Composer.* London: Robson, 1974.
3 *Ruth Crawford Seeger: A Composer's Search for American Music,* New York: Oxford University Press, 1997.

obra estruturada, que, bem ou mal, Boulez e Stockhausen não abandonam, mesmo nas composições mais livres. Única exceção, no caso deste último, à experiência de *Aus den Sieben Tagen* (Dos Sete Dias), em que o músico alemão não oferece partitura mas apenas alguns lemas aos executantes. Mas há também um laivo de ressentimento pela rápida notoriedade dos dois compositores europeus no cenário dos anos de 1950 e nas décadas seguintes, quando Feldman era ainda pouco reconhecido. E certamente, terá pesado em seu comportamento o desdém – claramente manifesto na correspondência entre Boulez e Cage – com que sua música foi acolhida pelo compositor francês. Mas o fato é que os europeus, especialmente Boulez, mesmo nas obras programaticamente "abertas", se orientam por conceitos de "composição" e de "estrutura" que não parecem caber nos projetos feldmanianos, propensos a desencadear antes manchas sonoras do que nítidas configurações.

É curioso que Feldman e Boulez, personalidades tão antagônicas, tenham, em diferentes fases, musicado textos do mesmo poeta – E. E. Cummings –, elegendo, dentre os seus poemas, alguns dos mais espaciais e tortográficos e aparentemente mais refratários à musicalização: Feldman, para *Four Songs to E. E. Cummings* (1951), escolheu os poemas "!blac", "air", "(sitting in a tree-)" e "moan" do livro *50 Poems* (1940); Boulez, para *Cummings is der Dichter* (1970), o poema "birds(", de *No Thanks* (1935). Num artigo intitulado "Poems of Cummings set to Music", publicado na revista *Spring*[4], dedicada aos estudos cummingsianos, Norma Pollack, que afirma ter levantado até então cerca de 370 obras musicais de aproximadamente 143 compositores sobre poemas de Cummings, menciona a ambos na área dos vanguardistas, ao lado de Cage e Berio.

Feldman conheceu Cage em 1949 num concerto em que se apresentava a Sinfonia, op. 21, de Webern. "Nenhuma obra que ouvi antes ou depois me causou tão grande impressão", comentaria anos mais tarde. Foi certamente Cage que lhe chamou a atenção para os poemas de Cummings, como o faria também, mais adiante, com Boulez.

---

4 n. 4, out. 1995.

Os textos não convencionais do poeta já tinham sido musicados por Cage. Em *Five Songs*, para contralto (1938), o compositor utilizou o ciclo das "Chansons Innocentes", do livro *Tulips and Chimneys* (1923), de Cummings, contendo os poemas "in Just-" , "hist whist", "little tree", "why did you go" e "Tumbling-hair"; em "Forever and Sunsmell" (1942), valeu-se do poema "wherelings whenlings", de *50 Poems* (1940) – o mesmo livro de que Feldman extrairia os textos para suas canções; e finalmente em *Experiences 2*, para voz solista (1945-1948), musicou o soneto "x – it is at moments after i have dreamed", do conjunto "Sonnets – Unrealities", ainda uma vez de *Tulips and Chimneys*. Mas os poemas escolhidos por Feldman e Boulez são ainda mais desafiadores, por sua fragmentação tipográfica. Nas *Cinco Canções* para contralto, que o próprio Cage descreve como "canções cromáticas nas quais emprega processos não ortodoxos de composição dodecafônica", já se antevê, pela parcimônia da tessitura melódica e da harmonia, o ascetismo melódico que caracterizaria as suas posteriores musicalizações de textos cummingsianos. É como que um melodista à Schoenberg/Webern simplificado por Satie. Nas demais obras, já despidas de preocupações dodecafônicas, esse processo se acentua. Assim como fez com outras composições, como *A Viúva das Dezoito Primaveras*, com texto extraído do *Finnegans Wake*, Cage adota para a musicalização dos textos cummingsianos uma tessitura ainda mais curta, algumas vezes de apenas duas ou três notas, que aproxima o canto da linguagem natural da fala, numa linha melódica modal, dir-se-ia quase trovadoresca. Em *Forever and Sunsmell*, talvez a mais notável dessas composições, ele mantém basicamente esse procedimento. Dividida em duas partes e em cinco seções, com um interlúdio de boca fechada, a melodia se desenvolve nas duas primeiras seções com apenas duas notas, seguidas no interlúdio por uma escala pentatônica, em que se integram as mesmas notas, e que serve de base às seções finais, diminuídas de uma. A tessitura intervalar da melodia, ainda que alçada a uma oitava, é mantida em limites estritos e estreitos: Re-Mi-Sol-La-Si. *Experiences 2*, a última composição de Cage sobre texto de Cummings, mantém essa linha de sobriedade, reprisando o uso da *bocca chiusa*, que se entremescla às linhas do poema, cantadas numa singela melodia tonal, entre longas pausas. Diametralmente diversa é a abordagem de Feldman.

É sabido que a obra de Morton Feldman se divide em duas fases – a da obra escrita, totalmente pré-determinada, e a da não escrita em partitura, em larga medida indeterminada, reduzida a diagramas. A musicalização dos poemas de Cummings é da primeira fase de Feldman e traz ainda a marca dos seus estudos com Stephan Wolpe (discípulo de Schoenberg radicado nos Estados Unidos). Embora Feldman goste de relativizar o influxo desses estudos, dizendo que passava o tempo todo brigando com Wolpe, este, sem dúvida, terá sido a matriz da linguagem weberniana que evocam as suas musicalizações, assim como outras peças instrumentais do mesmo período. De fato, é a depuração extrema, a par dos saltos intervalares da linha melódica, de molde serial, em registros agudos – traços característicos do compositor vienense–, o que mais ressalta nas transposições de Feldman dos textos cummingsianos. A sua adoção, com tais formas e inflexões, acaba adquirindo um caráter pioneiro, se se considerar a data em que foram criadas essas peças musicais – 1951, época que Boulez buscava em René Char a matriz textual das suas composições, sem convencer da pertinência de sua escolha, apesar dos extraordinários méritos musicais de obras como *Le Visage nupcial* (1946-47), *Le Soleil des eaux* (1948) e, pouco adiante, do magistral *Le Marteau sans maître*. Com notável intuição, como que corrigindo a defasagem que sempre se verificara entre os textos e a música dos protagonistas da Segunda Escola de Viena e seus novos seguidores europeus, parece que Feldman, já àquela altura, encontrara o poeta certo para a música certa. Pois aqui, com naturalidade, ele faz coincidirem os característicos saltos intervalares webernianos com as desconstruções tipográficas da poesia de Cummings, recortando a linha melódica em sílabas e mesmo em fonemas, em evidente isomorfismo com o texto.

Entre as composições de Feldman e Boulez emerge, com particular brilhantismo, a de Luciano Berio, *Circles* (1960), para voz, harpa e dois percussionistas, que utiliza os poemas "singing" (de *Tulips and Chimneys*, 1923) "riverly" (de &, 1925) e "n(o)w" (de *W*, 1931). Diferentemente de todos os outros, Berio dá aos poemas de Cummings a dimensão de uma cantata, explorando ao máximo, em particular no caso do poema "n(o)w", de complexa fatura tipográfica, as virtualidades fonêmicas sugeridas pela fragmentação vocabular, a ponto de incluir as pontuações não ortodoxas e até mesmo os parênteses na transposição sonora. Para isso, além de contar com uma intérprete excepcional, a cantora Cathy Berberian, cercou a sua voz de um numeroso conjunto de instrumentos de percussão que respondem gestual, minuciosa e precisamente às provocações e sugestões do texto, articulando e desarticulando o discurso musical em fase com o discurso verbal. Sendo a mais longa de todas as composições aqui consideradas, pois chega a quase vinte minutos, a composição de Berio contrasta, sob esse aspecto, sobretudo com a de Feldman, a mais econômica, cujas transposições musicais, à maneira weberniana, duram em média menos de um minuto.

Foi Cage também quem levou Boulez a conhecer a poesia de Cummings, em 1952. Em contrapartida, foi Boulez quem o fez conhecer o "Lance de Dados" de Mallarmé, que o músico estadunidense chegou a pensar em musicar. "Cummings is der Dichter"[5], para coro misto e pequena orquestra, escrita tantos anos depois, é peça extremamente complexa, com duração de cerca de catorze minutos. De todas as transposições aqui consideradas é, por certo, a menos "inteligível". É pouco provável que o ouvinte, a menos que disponha da partitura, consiga captar mais do que uma ou outra palavra do texto. Contraria, à evidência, a pecha de "popularizador" que Feldman pretendeu impor ao músico francês, mas não as teses de Boulez sobre musicalização de poemas. Em seu ensaio "Som e Verbo" afirma ele não querer competir com a musicalidade intrínseca do texto poético, propondo-se utilizá-lo antes como pretexto para a pura especulação musical. Assim, é um voo livre coral-orquestral o que exsurge da transposição bouleziana do poema "birds(", se é que se pode falar aqui de transposição. O texto é tratado em complicadas polifonias vocais atravessadas de acordes em trilo ou em bloco, em que as vozes

---

5 "Cummings é o Poeta": o título surgiu por equívoco a partir de uma conversa telefônica de Boulez com uma secretária, que indagara o título da obra para o catálogo da sua estreia em Ulm, pela Schola Cantorum de Stuttgart, em 1970.

femininas e masculinas se interceptam ou se fundem, prolongando-se nos próprios sons instrumentais e confundindo-se com estes. Um voo conflitual, que flui musicalmente para além do texto, em sombras evasivas de vozes, interrompidas por explosões sonoras – uma obra de grande beleza, por certo, mas aparentemente estranha à fenomenologia visual do poema, em que a aparição e desaparição das palavras-pássaros, isomorfizada com a rarefação tipográfica no branco da página, a desarticulação microestrutural dos vocábulos, tudo, enfim, pareceria sugerir uma tradução musical de maior transparência e claridade e de menor densidade musical. Boulez procura, quem sabe, uma iconização abstrata, intersermiótica, de voos e cantos de pássaros transpostos em intensidades fugidias atravessadas por ataques bruscos de vozes e instrumentos. É aí que o webernianismo explícito das peças musicalmente muito mais modestas de Feldman se mostra mais consentâneo com os textos de Cummings. De todo modo, há uma convergência na escolha do poeta estadunidense, a demonstrar que as contradições artísticas nem sempre são tão antagônicas quanto parecem. Como no caso Schoenberg *versus* Stravínski, o mediador é Webern, já que nas suas transposições Feldman parece – via Webern – mais bouleziano que Boulez.

Vistos à distância e no caso, ainda mais, considerado o pequeno número de receptores da música contemporânea, certos conflitos estéticos nos fazem lembrar o conto "Os Teólogos" de Borges. Em resumo, dois religiosos se confrontam. Um deles, invejoso do brilho do antagonista, consegue ardilosamente inculpá-lo perante a Inquisição e fazer com que seja queimado por supostas heresias. Liquidado o rival, o remorso o tortura. Anos depois, morre ele próprio, queimado acidentalmente numa choupana monástica atingida por um raio. Entra no reino dos céus. Ao dirigir-se a Deus verifica que este se interessa tão pouco pelas diferenças religiosas que o toma pelo seu oponente. Melhor dizendo, para Deus o acusador e a vítima formavam uma só pessoa.

11.

A Voz "Stratos"férica de Demetrio[1]

É de grande valia a pesquisa que Janete El Hahouli fez sobre a estranha e entre nós escassamente conhecida personalidade do cantor-compositor Demetrio Stratos[2]. Pesquisa convertida em tese universitária e publicada no livro *Demetrio Stratos em Busca da Voz-Música* (2002). O lançamento de um livro como o seu, no Brasil, nos aparece como uma extraordinária surpresa. Se a poesia, como eu costumo dizer, já está à margem da margem, para usar a expressão de Décio Pignatari, a música contemporânea está ainda mais à esquerda da esquerda, à margem da margem da margem da divulgação e das mídias entre nós. E é muito raro um livro que nos traga informações novas, novidade sobre o novo, como é o caso desse. Eu mesmo, que me considero um estudioso devotado da música contemporânea, embora tivesse ouvido falar muito de Demetrio, só conhecia dele o LP que foi publicado em 1974, na Itália (selo Cramps Records / Nova Musicha), incluindo a sua notável interpretação de alguns dos 62 *Mesósticos para Merce Cunningham* de John Cage. É verdade que só essa peça já pode dar a medida da excepcionalidade da atuação de Stratos. O que o cantor tem à sua frente é uma não partitura – *clusters* ou cachos de letras, formados com uma grande disparidade de letra-*sets*, e que devem ser interpretados com um mínimo de instruções, como a de articular os fonemas sem interrupção a não ser

1 Comunicação apresentada no evento "Tributo a Stratos" (Instituto Cultural Itaú, 5 de dezembro de 2003), revista para esta edição.

2 Nasceu em Alexandria (Egito), em 1945, filho de pais gregos. Em 1957, sua família o enviou à ilha de Chipre, onde continuou seus primeiros estudos. Aos 17 anos, transferiu-se para Milão, cidade em que começou suas atividades musicais. A partir de 1978, passou a viver em Nova York, onde veio a falecer no ano seguinte, já conhecido na comunidade da música contemporânea por suas interpretações da obra de Cage.

para tomar fôlego. Algo que se afigura, à primeira vista, difícil de decifrar, impossível de cantar. Mais do que intérprete, Stratos é aqui copartícipe, quase-autor.

O livro de Janete, além de conter um trabalho muito completo de pesquisa e estudo sobre Stratos, ainda vem acompanhado de um CD, uma antologia de suas intervenções vocais, num largo espectro que abrange desde as suas aparições no grupo italiano Area, de rock e pop experimental, passando por experiências de pura exploração vocal e verdadeiras composições, como é o caso das "Flautofonias", objeto de análise detalhada por Janete, até a sua oralização de um texto de Nanni Ballestrini, nome relevante da poesia concreta e "visiva" italiana.

O caso de Demétrio Stratos é realmente singular, na medida em que envolve uma exploração sistemática da voz, nos seus limites extremos, com utilização das pregas vocais da laringe para obter vários e dificílimos tipos de *vocalises*, chegando a conseguir emitir até o que ele chama de "diplofonias" ou "triplofonias", dois ou três sons simultâneos. Várias dessas arrepiantes emissões vocais vieram a ser codificadas em análises espectrográficas das quais nos informa o livro de Janete. É tal o autocontrole que Stratos tem do aparelho fonoarticulatório que nos sugere estarmos na presença de uma voz – eu diria – realmente stratosférica, ainda não ouvida. E suas pesquisas e experimentos com a voz deixam mesmo de se fixar no mero campo laboratorial para se converterem frequentemente em verdadeiras composições, como é o caso da sua obra "Flautofonias". É, também, extraordinária a intensidade de sua pesquisa vocal em espaço de tempo tão curto, já que a morte o colheu aos 34 anos, e a radicalização e sistematização de seu trabalho ocorreu em apenas cinco anos entre 1974 e 1979, ano de sua morte.

Mas o trabalho vocal de Stratos, original e singular como é, não é um trabalho solitário. E acho que é importante contextualizá-lo no quadro da música moderna e contemporânea. Desde Schoenberg, em seu *Pierrot Lunaire*, que é de 1912, ao explorar os limites de interseção entre o canto e a fala, e desde Webern, com os grandes saltos dodecafônicos das sua canções, já se desenhava uma ruptura com todos os cânones do bel canto.

Novas propostas vieram sendo oferecidas ao longo do século XX. Mas parece que foi a partir da segunda metade do século passado, especialmente a partir dos anos de 1960, quando os contatos com as culturas orientais e africanas passaram a ser incrementados, que se deu uma intensificação da ruptura com métodos mais tradicionais de canto. É sabido o quanto as propostas de Stratos foram afetadas pelo conhecimento da obra de John Cage, sendo o vocalista intérprete dos *Mesósticos*, nos quais Cage se propõe liberar os fonemas para leituras canoras abertas e improvisadas. Mas há também o caso, até precedente, de Giacinto Scelsi, o compositor da "nota só", que trabalhava microtonalmente os harmônicos superiores dos sons a partir de uma nota básica. Diga-se de passagem que ambos os compositores foram muito influenciados pela música e pela cultura orientais.

Entre 1962 e 1972, Scelsi criou várias composições para canto solo, inclusive a sua obra-prima vocal, *Cantos de Capricórnio*, para cuja criação encontrou uma colaboradora essencial na cantora japonesa Michiko Hirayama. Essa intérprete usa de recursos técnicos de vocalização tipicamente orientais na flutuação de timbres e alturas – garganteios guturais, *vibratos*, trilos e sopros, que em alguns casos giram em torno de um único som, com variantes microtonais. Tal como Demetrio, Scelsi preferia trabalhar com fonemas puros, em lugar de textos, privilegiando as consoantes. Há mesmo uma obra vocal dele que já a partir do título, TKRDG, expressa essa consonantização que provoca emissões vocais inusitadas. Infelizmente a obra de Scelsi tardou muito a ser divulgada e só entre 1978 e 1980 (nascido em 1905, ele já tinha mais de setenta anos) teve seus primeiros LPs registrados na Itália pela editora Ananda. Não sei se Demetrio chegou a conhecer a obra de Scelsi, embora este fosse compositor italiano e vivesse em Roma. Hoje a sua obra, que não é pequena, está toda mapeada e editada em numerosos CDs. Outros compositores vieram a se interessar pelas vocalizações não ortodoxas, como é o caso de Stockhausen, Ligeti e Dieter-Schnebel (autor da obra "Glossolálias"). De Stockhausen cabe referir, particularmente, *Stimmung*, de 1968, composição para seis vozes, que se interativam na área exploratória dos harmônicos superiores.

De outra parte, e também no fim dos anos de 1960, a música popular moderna modificou-se radicalmente, do ponto de vista vocal, sob o influxo da ruidologia das guitarras elétricas e sob a inflexão do canto africano, que desde o blues até o free jazz, perturbava o canto melódico ortodoxo, carreando para ele o gemido, o *glissando*, o som rasqueado à imagem dos timbres do saxofone, o *scat singing*, o canto sem palavras, os *vocalises*. Mas talvez ninguém personifique tanto essa mutação da impostação da voz, exacerbada na década de 1960, como a cantora Janis Joplin.

Basta comparar sua interpretação de "Summertime", que é uma ária da ópera *Porgy and Bess*, de Gershwin, com a de qualquer outra cantora de escola clássica para verificar a diferença essencial. Nessa e em outras canções, Janis parece cantar com mais de uma voz, seu rouquejamento vocal introduz o ruído e a fragmentação, no limite da emissão sonora. Janete El Hahouli lembra o caso de Meredith Monk, que me parece pertinente, embora ela tenda mais para uma melodização do ruído. Outra cantora, esta da área nitidamente erudita, que já foi lembrada, é Cathy Berberian, famosa intérprete de obras de Cage e Berio. Mas como já notou o crítico Lorenzo Arruga – e Janete acentua isso – em Cathy "a ruptura dos esquemas tradicionais do canto lírico se processa no limiar interno do canto tradicional", do qual Demetrio Stratos parece sair.

Entre nós, não poderia passar sem registro o disco experimental de Caetano Veloso, *Araçá Azul*, de 1972, em que ele utiliza a voz em registros altos, e também emitindo ruídos e *vibratos* oscilatórios em torno das notas, usando a própria pele em percussões complementares. No âmbito da música erudita, Anna Maria Kieffer, que participou de experiências vocais extremamente livres e ricas e tem seu trabalho nessa área documentado no CD *Ways of the Voice* (1999), interpretando composições do belga Leo Kupper. E com ela eu lembraria o alemão Theophil Maier, que esteve no Brasil, mais de uma vez, na década de 1980, com o trio Ex Voco, ele próprio intérprete dos *Mesósticos* cagianos e de poetas que exploraram o campo das sonoridades puras. Também merece referência o CD voco-experimental de Tetê Spíndola, *Vozvoixvoice* (2003), com música de Philippe Kadosch. Menos divulgado, destaca-se o trabalho da cantora Madalena Bernardes, que trabalha exclusivamente com *vocalises*; exemplos expressivos de suas intervenções vocais podem ser ouvidos em algumas faixas do CD *No Lago do Olho* (2002), de Cid Campos, e no vídeo realizado em 2005, por Grima Grimaldi, para o espetáculo *A-Tempo*[3].

Caberia referir, ainda, a precursão de alguns poetas das vanguardas históricas, como Kurt Schwitters – "Ur-Sonate" (Sonata Pré-Silábica) e Antonin Artaud ("Totem Estrangulado"), que já nas primeiras décadas. do século passado exploraram as sonoridades sem palavras, de maneira radical e inovadora, ainda que se deva distinguir dessa abordagem, mais vinculada à textura verbal, a exploratória do som, considerado de um ponto de vista mais propriamente musical, que é o objeto das pesquisas de Stratos. Ele mesmo, em entrevista a Daniel Charles, distingue o seu trabalho dos letristas e ultraletristas, colocando-o, como é justo, no âmbito das perquirições de cunho musical, ainda que haja pontos de contato entre essas propostas.

Até o desenvolvimento da ciência biológica, ao alcançar maior consciência das potencialidades vocais dos seres da natureza, veio a contribuir para uma ampliação da nossa receptividade acústica. A captação da voz das baleias pelo biólogo Roger Paine e sua equipe, em fins dos anos de 1960, nos revelou uma cantora imprevista, compositora de longas melodias de nuances canoras inauditas que apresentam variações periódicas e podem durar em torno de vinte minutos, transmitidas a longas distâncias. Melodias de uma tal expressividade que acabaram protagonizando, entre outras, uma obra de Alan Hovhaness (*And God Created the Great Whales*) e inspirando a John Cage a composição "Whale", baseada na anagramatização aleatória das letras dessa palavra.

Isto tudo para dizer que o extraordinário trabalho de Stratos, por mais que nos pareça estranho, ou dissociado das práticas do canto, não é idiossincrático, mas se inclui, com sua originalidade indiscutível, em todo um processo de liberação vocal que acompanha as transformações que ocorreram no campo da música e da ciência contemporâneas, rompendo com os seus supostos limites em busca de um mais completo conhecimento do som e da música.

---

3 Apresentado no Centro Cultural Banco do Brasil, em São Paulo, o espetáculo pode ser encontrado no YouTube, no canal do próprio Grima Grimaldi, sob o título de *A TEMPO-H.264 LAN Streaming.mov*.

Demetrio Stratos.

Placa da praça em Oppido Lucano, Província di Potenza, Itália.

Aldo Brizzi.

12.

Nova Música: Brizzi do Brasil[4]

As minhas especulações em torno da música de invenção e a minha devoção ao compositor Giacinto Scelsi, sobre o qual já escrevi mais de uma vez para este jornal, me levaram a conhecer o jovem compositor e regente italiano Aldo Brizzi, numa de suas vindas ao Brasil e a São Paulo para participar do Festival Música Nova.

Quando entramos em contato, em 1992, movidos pela solidariedade da confraria scelsiana, eu não imaginava que ele viesse a ligar-se por tantos elos à nossa cultura e ao nosso país.

Ainda muito jovem, falando um português corrente e revelando total ausência de preconceitos em relação à música popular, apesar da sólida formação erudita, Aldo me impressionou desde logo pela capacidade de articular e sintetizar a complexidade das linguagens musicais com radicalismo e rigor nesta quadra inquietante, ao mesmo tempo crepuscular e preambular, de entresséculos. Que a "brisa do Brasil" o tenha tocado intelectual e emocionalmente tão fundo, até ao nível pessoal, é algo que se pode considerar um acaso afortunado para nós.

Nascido em 1960, na cidade de Alessandria, no norte da Itália, Aldo estudou piano, viola e teoria musical no Conservatório de Milão, direção de orquestra com, entre outros, Boulez e Celibidache, e composição com Radulescu e Ferneyhough. Datam de 1982 os seus primeiros contatos com Scelsi, do qual foi assíduo frequentador e amigo. Em seu amplo currículo de regência musical se inclui a direção do Grupo de Câmara dos Cursos de Férias de Darmstadt e do Akanthos Ensemble. Suas obras têm sido executadas por prestigiosas

4 Publicado no jornal *Folha de S.Paulo* (Caderno Mais), em 13 de setembro de 1998.

orquestras e conjuntos como o Ensemble Intercontemporain, 2E2 e o Köln. É membro da Fundação Isabela Scelsi de Roma, cidade onde hoje reside.

Aos 38 anos, sua bagagem musical já é significativa. Como regente, tem participação em pelo menos dois itens obrigatórios no repertório das obras de Scelsi: a composição "Khoom" para soprano e seis instrumentos, com a soprano Michiko Hirayama, o percussionista Maurizio Ben Omar e o Quarteto Arditti, acoplada à integral dos Quartetos para Cordas[5], destaque da revista *Le Monde musical* como um dos melhores lançamentos discográficos do ano, e o CD *Giacinto Scelsi*[6], um disco primoroso (recebeu o prêmio Diapason d'Or), que inclui peças inéditas e trechos de uma das raras entrevistas de Scelsi, concedida à Radio France em 1987. Uma emoção particular ouvir na voz do enigmático mestre: "le son est sphérique, est rond... toute chose qui est spherique a un centre... il faut arriver au coeur du son, à ce centre... alors on est musicien, sinon on est artisan..."[7]

Como compositor, Aldo se inscreve entre os músicos da chamada corrente "espectral", que, tendo Scelsi como um dos seus maiores mentores, explora as virtualidades do "som" considerado em seus componentes físicos, com ênfase nos harmônicos superiores (agenciadores das dissonâncias microintreválicas) e na timbrística. Mas não é um ortodoxo, na medida em que seus interesses musicais se revelam amplos e acolhedores ao influxo das melodias e ritmos populares ou folclóricos, interesses que, no entanto, têm a ver com a natureza material do som, sem qualquer compromisso com exotismos ou afirmações regionalistas. Pode-se aquilatar o nível da sua criação musical, que se inicia em fins dos anos de 1970, pelas obras que já apareceram nos CDs de dois virtuoses, Maurizio Barbieri (viola) e Daniel Kientzy (saxofone), em 1994 e 1996, e, mais ainda, no primeiro CD integralmente dedicado a Brizzi, *The Labyrinth Trial*

5 Salabert/Harmonia Mundi: 1990

6 Produzido na França sob o patrocínio do INA (Institut National Audiovisuel) e da editora Salabert, em 1993.

7 O som é esférico, é redondo... toda coisa que é esférica tem um centro... é preciso chegar ao coração do som, a esse centro... só então se é um músico, e não um artesão...

(A Prova do Labirinto), lançado este ano pela Multisale Ariston. No disco de Barbieri, que reúne composições de autores do calibre de Scelsi, Sciarrino, Donatoni e Feldman, ele comparece com "Canto sulla lontananza" (Canto Sobre a Distância), de 1982, composição constituída, segundo o autor, de "tremulações poéticas no limite da percepção e feita exclusivamente de harmonias em ambíguo equilíbrio entre som e ruído". Será lícito pensar, aqui, numa reflexão crítica premonitória, sintetizando os caminhos paralelos de Scelsi e de Luigi Nono – o Nono da última fase, que por sua vez, alguns anos mais tarde, entre 1988-1989, faria da distância o tema central da notável composição *La lontananza nostalgica utopica futura*. Com o título *Pur Sax*, o disco de Daniel Kientzy utiliza apenas o som do saxofone, melhor dizendo, de toda a família dos saxofones. Kientzy, autor de um dos mais completos tratados sobre o instrumento, *Saxologie*, é o único executante no mundo que toca todos os sete saxofones, do sopranino ao sax-baixo (dois metros de altura e cinco de tubulação); vale-se ainda de novos recursos tecnológicos – gravadores cujos canais multiplicam as linhas melódicas e ampliam ainda mais as potencialidades sonoras do saxofone. Brizzi aqui está representado por *Miha-sefer*, megamontagem para complexas emissões dos saxofones em gigantescos contrastes e confrontos de massas sonoras, peça na qual o crítico Robin Freeman vislumbra o influxo de efeitos de *impasto* como os usados por John Coltrane num território fertilizado pelas sugestões do universo expressivo de Giacinto Scelsi. Sente-se já que a concepção musical de Brizzi vai assumindo uma nova dialética: a amplitude de suas perquirições o leva a sondagens metalinguísticas e de intercomunicação não ortodoxa de linguagens que o projetam em inéditas situações criativas. Mas penso que é no primeiro CD solo, *The Labyrinth Trial*, que se evidencia ainda mais a personalidade musical de Brizzi. Nele se reúnem seis composições. A primeira, "L'Épreuve du labyrinthe" (para viola e fita magnética) acabou sugerindo o título do disco, sendo a expressão derivada de uma autobiografia de Mircea Eliade; conforme esclarece o compositor, o *tape* consiste apenas de sons pré-gravados de viola (a viola clássica, da família dos violinos) superpostos a fragmentos rítmicos de música popular brasileira, retrabalhados por diferentes filtros digitais. Uma batucada para violas, exploradas nos registros mais graves e agudos, que muda surpreendentemente a expectativa timbrística e rítmica, metamorfoseando o estardalhaço nítido e regular das batidas convencionais num cavernoso e compassado ressoar anímico e espectral, de acentuação dramática, perturbado por arritmias e deslocamentos timbrísticos nascidos do confronto entre a viola ao vivo e em *tape*. "Nochecita", para três vibrafones e três maracas, se baseia em transcrições de ritmos originais de rumbas e cha-cha-chás justapostos num diálogo de sonoridades contrastantes: o *mélos* vibratório da percussão metálica, escaliforme, entrecortado pelo som-silêncio, o sussurro seco das cabaças percutidas. "Tardecita", para dois violões (1995), foi, como esclarece o autor, inspirada pela música afro-brasileira do grupo Timbalada, cujos ritmos foram transpostos, mas recombinados sob a perspectiva de uma multiperiodicidade, com interpenetração de células rítmicas, ataques e pulsos diversificados, gerando harmonias imprevistas. Em "El Olvido, El Futuro" para viola, fita magnética e eletrônica ao vivo, os sons da fita foram sampleados e reprocessados a partir de extratos da música popular afro-latino-americana. Sobre esses sons a viola desenha uma melodia pregnante, descontínua, atravessada por inflexões rítmicas em camadas sobrepostas, ora em martelamentos intensos, ora como que telegrafadas numa morsificação dos toques percussivos. Há cinco linhas musicais tocadas ao mesmo tempo em diferentes velocidades e com seus timbres constantemente alterados. As transcrições compreendem, além de música popular afro-cubana, oriunda de práticas religiosas, a seção rítmica de "Badauê", um afoxé de Caetano Veloso (do disco *A Outra Banda da Terra*). "Orphée", para flauta, viola, harpa e violão (1995), amplia as pesquisas de "Tardecita" para alterar e enriquecer a percepção musical com frequentes deslocamentos dos parâmetros sonoros. Sobre células extraídas do material rítmico da bossa-nova, desenvolvidas na harpa e no violão a partir dos harmônicos superiores de um único som fundamental, Brizzi faz infletir uma melodia sincopada tocada pela flauta, criando uma delicada trama de tensões e distensões sonoras. O disco termina com a versão solo do *tape* da primeira peça, "L'Épreuve du labyrinthe", aqui como que radiografada estruturalmente em poderosas pulsações.

Não deixa de ser curioso apontar, na gama de interesses de Aldo Brizzi – na medida em que esta se relaciona com a música da Bahia e com as explorações microtonais –, a convergência com certas pesquisas de Walter Smetak, o compositor suíço-baiano cuja ideologia é, tanto pela radicalidade microintervalar de suas obras como pela exploratória de sonoridades novas, a que mais se aproxima, entre nós, da de Scelsi.

A propósito de suas experiências com o violão, em entrevista recente afirma Brizzi que, nos últimos anos, conviveu com novas maneiras de trabalhar o instrumento, ligadas acima de tudo ao modo de tocar a música brasileira e muito diferentes das dos europeus. Refere-se especialmente a João Gilberto, que considera "um grande revolucionário do instrumento, pelo seu modo de conceber e combinar os ritmos complexos, utilizando acordes de posição, com um clima particular e com automatismos extraordinários". E enfatiza: "seria preciso, de qualquer forma, considerar, ter presente essa experiência, não se pode fingir que ela não existiu. Aquilo que Jimi Hendrix fez com a guitarra elétrica, João Gilberto o fez com o violão acústico, introduzindo aquele seu estilo particularmente sutil e refinado". Em outro passo de sua entrevista, explicitando o seu interesse pelas culturas extraeuropeias, Brizzi acentua o seu intento de compreender como outras culturas são capazes de conduzir o som, de maneira quase xamânica, em direção a novas energias (alude especificamente aos pigmeus africanos aka, a grupos de percussão afro-brasileiros, ao gamelão de Java ou Bali ou à música de certas regiões do norte da Índia). Não se trata de copiar ou meramente incorporar essas linguagens, mas de entender os processos que as formam e de procurar centros de energia ainda não utilizados.

O que avulta nas composições de Brizzi é a nova respiração que elas vêm trazer à chamada "música espectral", na originalíssima reciclagem da música percussiva afro-latina-americana de que se alimentam. Ao assim proceder, ele não tende a folclorizar-se, antes a desfolclorizar essas criações espontâneas da arte popular, e, extraindo-as dos contextos de entretenimento que tendem à normatização e à fórmula, redinamizá-las na área das perquirições livres. Aqui, não agrilhoados pelas imposições da comunicabilidade imediata, os ritmos e andamentos podem despadronizar-se, ousar a descontinuidade e a superposição; de outra parte, é possível energizar o discurso erudito e cerebral com o "duende" das criações primais e buscar o *eîdos* sonoro – não os estereótipos, mas os arquétipos e protótipos da experiência musical, no que ela tem de mais universal, de menos compartimentado e paroquialista. Se essa não é, seguramente, a função da música popular, que tem os seus próprios veios de inseminação e nutrição cultural, preenchendo com arte de impacto emotivo e sensorial as carências comunitárias de catarse e convívio, é certamente a missão do músico de invenção, quando, com outro distanciamento, tem em vista a expansão do conhecimento, a mudança e a retroalimentação de hábitos e modelos em prol de uma libertação e um aprofundamento do saber e das vivências humanas.

Bem-vindo, Aldo Brizzi, que a brisa do Brasil deslumbra mas não dobra. Sua música difícil mas amorosa, despreconcebida mas não feita "para vender e vender depressa", há de ser muito útil para abrir os nossos ouvidos a novas e necessárias descobertas desabridas.

13.

Mistério na Música Moderna: Obukhov

Quando se pensava ter ouvido tudo em matéria de música moderna, depois que os avanços da tecnologia nos recuperaram de Luigi Russolo e dos ruidistas italianos ao microtonalismo radical de Julián Carrillo e Vischniegrádski e da música das sirenes da Revolução Russa à enigmática Johanna Beyer, precursora de John Cage e da música eletroacústica, eis que já começa a ser desvendado mais um dos últimos mistérios da vanguarda musical do século XX. O russo Obukhov (Obouhov, na versão francesa de muitas de suas obras). Ouvi falar muito dele em minhas pesquisas no âmbito da música moderna e contemporânea e sempre tive muita curiosidade em conhecer a sua obra. Mas só recentemente veio a ser mais divulgada, tanto a inicial, de extração pianística, ultracromática, como a poli-instrumental, em que os aparelhos de ondas eletroacústicas fazem aparições fantasmagóricas e surpreendentes.

Nikolai Borisovitch Obukhov, nascido em 1892, na província de Kursk, viveu desde pequeno em Moscou e morreu em Saint-Cloud, em 1954. Na Rússia, frequentou os Conservatórios de Moscou e São Petersburgo, começando a destacar-se nos meios musicais por suas composições pós-scriabinianas, apresentadas em concertos de relevo em 1915 e 1916. Sua música seguia métodos não ortodoxos de harmonia, que ele vinha então desenvolvendo, tendo preconizado uma nova forma de notação musical simplificada, que eliminava os sinais e nominava todos os intervalos cromáticos, tendo chegado a uma modalidade de pré-dodecafonismo. Instalada a revolução bolchevique, fugiu do país com a família, em 1918, e após breve período na Crimeia, estabeleceu-se na capital francesa em 1920.

Em Paris, encontrou-se com Maurice Ravel, que se interessou por seu trabalho, proporcionado ajuda a ele e a sua família e buscando apoio e divulgação para a sua obra. Sua maior ambição era a composição de um grande *opus* musical intitulado *Le Livre de vie* (O Livro da Vida), que acabou incompleto, mas cujo "Prólogo" foi apresentado, numa primeira versão, pelo maestro Serge Koussevitz, em 1926. Com o engenheiro Pierre Dauvillier e o físico Michel Billaudot construiu um aparelho eletroacústico a que deu o título de Cruz Sonora, apresentando-o pela primeira vez em 1933, e mais adiante, em 1934, em versão aperfeiçoada. Aparentada ao teremim e às Ondas Martenot, a versão criada pelo compositor caracterizava-se por ser confeccionada na forma de uma cruz, à qual era afixada uma esfera com a eletrônica posicionada internamente. Em 1930, na Salle Pleyel, já se tinham feito ouvir composições para Cruz Sonora, mas o instrumento estava ainda inacabado e foi substituído pelas Ondas Martenot, com execução da pianista Marie Antoinette Aussenac de Broglie. Só três anos depois se deu a apresentação definitiva do aparelho eletrônico, num concerto em Dijon. Em 1947, Obukhov publicou o seu tratado definitivo de harmonia e notação, *Traité d'Harmonie tonale, atonale e totale*.

Além das peculiaridades de sua própria concepção musical, a vida de Obukhov também adquiriu laivos misteriosos, ainda não de todo aclarados. Noticiou-se que, muito pobre, chegou a ganhar a vida como pedreiro, nos seus primeiros tempos em Paris. Ainda, que a Cruz Sonora, depositada pelo compositor na coleção da Ópera de Paris, desaparecera de forma inexplicada, provavelmente subtraída por alguém que cobiçava o diamante incrustado em seu centro. Por fim, que o compositor teve os manuscritos de *O Livro da Vida*, o seu mais ambicioso projeto, roubados num assalto, em 1949. O acidente o teria levado à invalidez e a graves problemas psíquicos. Não se conhecem composições dele após essa data. Passou a viver em Saint Cloud, onde veio a falecer cinco anos depois.

Essas notícias, que entrelíamos em pequenos textos esparsos, começaram a nos chegar com maior intensidade nas últimas décadas em alguns raros compêndios, como o excelente *La Musique du xxe siècle en Russie et dans les anciennes Républiques sovietiques* (1994), de Frans C. Lemaitre, juntamente com a exposição e reabilitação de outros nomes envolvidos em perquirições de novos sistemas musicais, como os dos escassamente difundidos Nikolai Roslavetz (1881-1944) e Arthur Lourié (1892-1966), dentre os muitos compositores marginalizados pelo stalinismo, de cuja repressão esse livro traça impressionante painel. Mas só recentemente um maior conhecimento da vida e da obra de Obukhov veio a consolidar-se em pelo menos dois estudos: a monografia da musicóloga Elena Poldaieva, publicada, a partir de 2006, em três edições: russa, alemã e francesa, esta última, *Le Message de Nicolas Obouhow, reconstruction d'une biographie*, de 2011; e a tese de doutorado *Esthétique et technique compositionnelle de Nikolai Obouhov dans le contexte du modernisme russe et français*, defendida pelo pianista Nino Barlakaya em 2012, em Paris, na qual ele analisa as particularidades formais da obra de Obukhov em comparação com a de outros músicos contemporâneos como Scriábin, Vischniegrádski, Schoenberg, Hauer, Messiaen e outros[1].

A biografia de Poldaieva, como o título sugere e a autora esclarece, não é uma monografia no sentido comum do termo, trazendo luz sobre "a vida e a obra" da pessoa, visto que não existem elementos senão para uma "biografia hipotética", ante a escassez de documentos sobre a vida pessoal do compositor. Nem memórias, nem diários íntimos, nem correspondência sequente, nem correspondência sobre a vida em curso, "nada de vivo", informa a pesquisadora. O que – como sublinha – é estranhável para alguém que viveu até 1954. Os traços propriamente biográficos de sua monografia se baseiam, portanto, em alguns documentos, noticiário de imprensa, comentários, resenhas e cartas de terceiros, além dos poucos estudos publicados sobre o autor. Confirma ela certas notícias que suscitaram o "mito" do compositor, mas põe em dúvida outras, que não conseguiu comprovar. Assim, admite a veracidade do assalto sofrido por Obukhov em Saint Cloud e o desparecimento da Cruz Sonora, que fora conservada primeiro na Ópera de Paris e por último na Bibliothèque

---

1 Pode-se ler a tese, em sua íntegra, no site theses.fr, efetuando-se uma busca por "Nino Barkalaya".

Nationale de France, de onde despareceu em circunstâncias obscuras. Segundo ela pôde apurar, também o túmulo com a forma de cruz do instrumento do compositor, num pequeno cemitério de St. Cloud, acabou destruído por abandono. Após a morte de Obukhov, tudo o que restou de sua obra, arquivos e manuscritos, foi entregue àquela biblioteca pela sua principal intérprete, Marie Antoinette Aussenac de Broglie, também herdeira e executora testamentária do compositor. A existência desse acervo, que abrange quatro volumes de cerca de oitocentas páginas contendo partituras manuscritas de *Le Livre de vie*, para voz e um ou dois pianos, desfavorece e relativiza a história do extravio da obra, embora um testemunho oficial de Honneger à Justiça confirme o assalto sofrido pelo compositor, deixando em aberto a hipótese da perda de pelo menos uma parte da obra ou da sua versão completa. Poldiaeva oferece também uma visão bastante completa da recepção da obra de Obukhov ao longo dos anos, assim como da sua recente reabilitação. O compositor foi execrado pelos seus contemporâneos, com poucas exceções notáveis como a de Ravel, que escreveu ter ficado "impressionado pela força patética, genial" dos fragmentos do *Le Livre de vie* que ouviu executados ao piano por Obukhov, e a de Boris de Shloetzer, crítico musical muito admirado por Ezra Pound, que escreveu mais de uma vez sobre o compositor. A biógrafa apresenta ainda um largo panorama das ideias e da produção de Obukhov, ilustrando suas considerações com alguns documentos relevantes e trechos de partituras. Quanto a estas, despertou-me a curiosidade a nota de que, a partir de 1930, aparecem sobre as partituras triângulos, círculos e outros símbolos de significado obscuro, assim como a informação de que, ao final de *Le Livre de vie*, o compositor faz uso de papéis de formatos e cores diferentes, escrevendo cada parte e cada voz com uma tinta particular (não há exemplos destes últimos documentos entre as ilustrações).

A tese de Nino Barkalaya esmiúça as teorias e os procedimentos composicionais de Obukhov, assim como outros aspectos relevantes de suas concepções, como o a religiosidade derivada do simbolismo russo de paradigmas teosóficos e do imaginário scriabiniano. Amplia e aprofunda, assim, e não apenas sob o ponto de vista musicológico, o entendimento de sua personalidade visionária e complexa, ao mesmo tempo musicalmente inovadora e conceitualmente imbuída de um misticismo exacerbado.

Um CD inteiramente consagrado ao compositor, *Nikolai Obouhov – Croix Sonore*, saiu em 2012, em versão franco-russa, sob o patrocínio do Conservatório Estadual de Moscou Tchaikóvski. Trata-se de um disco com a sua obra pianística, de 1915 a 1918, interpretada pelo mesmo Nino Barlakaya, abrangendo ainda duas peças posteriores, para pianos e Cruz Sonora (substituída por teremim), com o concurso de outros executantes. De acordo com as informações do encarte, assinadas por Balakaya, foi a primeira vez que todas as composições pianísticas de Obukhov encontraram gravação. Entretanto, antes desse disco, foi publicado o CD *Obouhow Piano Works* (2010), com execução do pianista americano Jay Gottlieb. Várias dessas obras podem ser ouvidas, inclusive com as respectivas partituras, no YouTube. Nesse portal encontram-se até mesmo uma versão do "Prólogo ao Livro da Vida", regida pelo maestro inglês Paul Daniel, em 1991, em Frankfurt, e a longa composição *O Terceiro e Último Testamento*, para cinco vozes, órgão e Cruz Sonora, dois pianos e orquestra (1946), dirigida na Ópera de Paris, em 2010, pelo holandês Reinbert de Leeuw, notório pela sua ousadia musical. Também uma das primeiras obras vocais de Obukhov, *Quatro Poemas de Bálmont*, em arranjo instrumental de Elmer Schönberger (1994), pode ser ouvida no YouTube[2]. Trata-se certamente de gravação extraída do disco holandês *Obouhow, Raskatov, Tarnopolski*, publicado pelo selo Etcetera em edição limitada a 3 mil cópias, com o Schoenberg Ensemble dirigido por Reinbert de Leeuw. A peça, apresentada na Ópera de Paris, em 2010, merece ser ouvida pela beleza e ousadia de suas melodias atonalizantes. Aliás, Stravínski e Obukhov coincidiram, em outras obras da época, na escolha de um mesmo poema de Bálmont, "Le Roi des étoiles", não tendo sido ainda divulgada a composição de Obukhov.

---

2 O leitor mais facilmente encontrará esses registros se procurar pelos vídeos em inglês: "Nikolai Obukhov, Preface of The Book of Life (Paul Daniel)", "Nikolai Obukhov – The Third and Last Testament for 5 voices, croix sonore, organ, 2 pianos and orchestra" e "Nikolai Obukhov ~ Four Balmont Songs".

A obra *O Livro da Vida* foi projetada como uma construção monumental, uma supracomposição, prevista para durar 24 horas, da noite de Páscoa ao dia seguinte. Concepção dramática, certamente afetada pelas vicissitudes por que passou Obukhov, filtradas por seu misticismo apocalíptico. É curioso observar que tanto ele como Vischniegrádski perseguiram obras magnas, de titulação semelhante, este último autor do oratório *La Journée de l'existence* (A Jornada da Existência), iniciado em 1916 e remanejado em 1927 e 1939. Esta última obra pode ser escutada no You Tube, tanto na versão para narrador e orquestra (sem o coro opcional), com texto em francês – registrada em 1978 pela Nouvel Orchestre Philharmonique de Radio-France, dirigida por Alexandre Mirat, mas só divulgada em disco de 2009 –, como também na versão em russo, que inclui a parte coral – gravada pela Radio Symfonie Orkest holandesa, em 2004, sob regência de Pascal Roph. Ambos os compositores, que se fizeram grandes amigos, foram discípulos de Scriábin, que deixara igualmente inacabado o projeto de uma obra de grandes proporções, sinestésica, ritualística: *Mysterium* (1903-1915), prevista para ser inaugurada nas montanhas do Himalaia – espetáculo musical e coreográfico, dimensionado para sons, cores e até odores.

A Cruz Sonora (que até agora não se pôde ouvir, como tal), substituída como o foi em registros recentes pelas Ondas Martenot ou pelo teremim, merece consideração especial pela importância que veio a assumir na obra de Obukhov, contribuindo decisivamente para o direcionamento do compositor a novas perquirições sonoras. O instrumento, com a altura de um homem, consistiria numa esfera de metal na qual é instalada uma haste do mesmo material em forma de cruz, com um diamante preso no centro; no interior da esfera é localizada a aparelhagem eletroacústica. "Uma espécie de grande antena de rádio", segundo o próprio compositor. O som resulta da ressonância das ondas de rádio, variando de altura e intensidade conforme a aproximação ou afastamento das mãos do centro de irradiação. Seu timbre varia entre a voz e o violoncelo, podendo atingir grandes intensidades. Um comentarista da época afirmou que o instrumento lhe evocava ao mesmo tempo "um gigantesco violoncelo e um não

Obukhov: A Cruz Sonora e frontispício de manuscrito de *Le Livre de vie*.

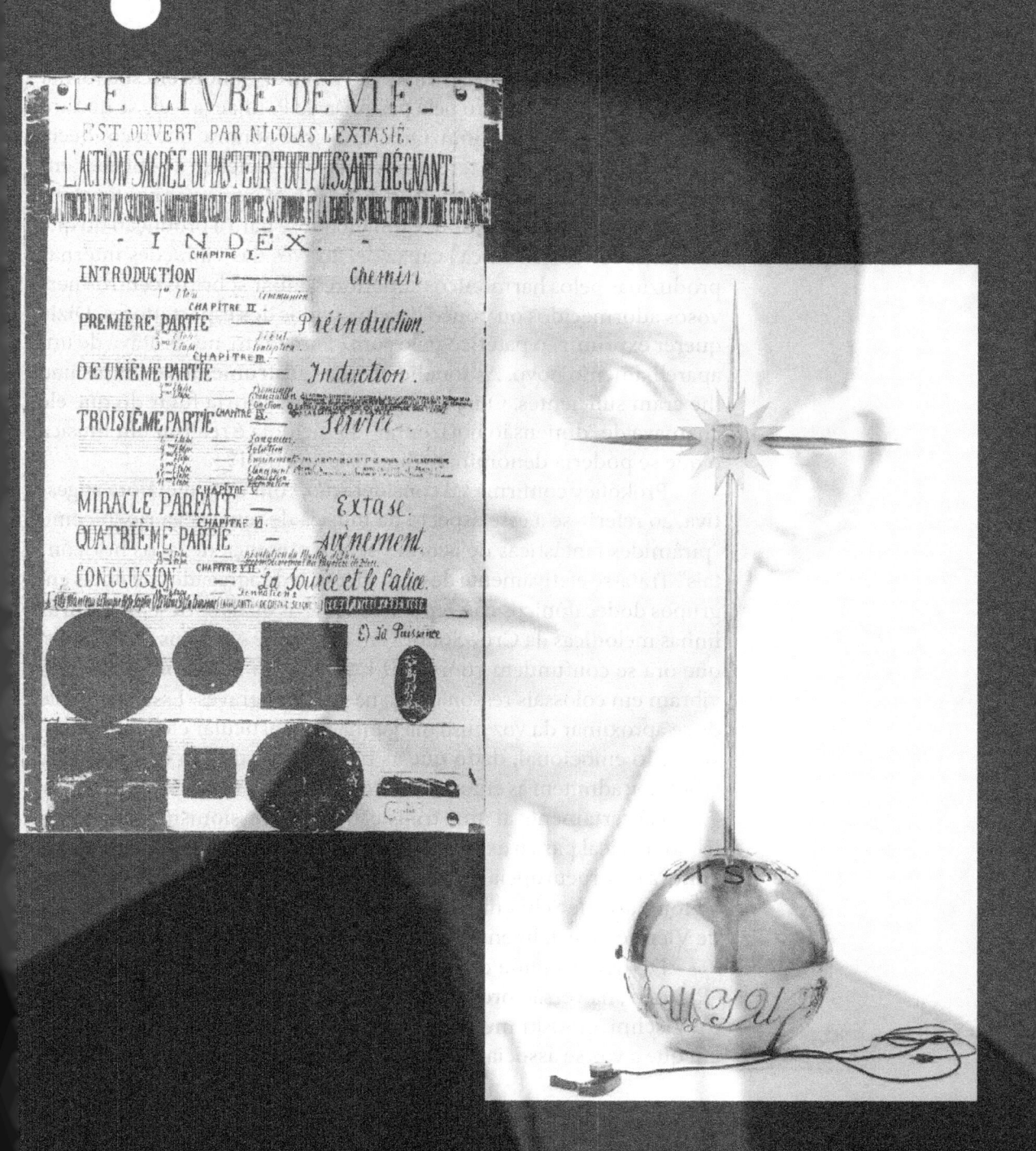

menos gigantesco saxofone". Numa rara entrevista do compositor, em 1934, quando da primeira audição da Cruz Sonora em sua forma definitiva – texto revelado pela pesquisa de Poldiaeva – ele se declara um continuador de Scriábin. Quanto à Cruz Sonora, que reconhecia pertencer à "família dos teremins", mas que começou a conceber em 1917, acentuava a facilidade que o aparelho oferecia para obter rápidas variações de volume, som e tonalidade, e para a produção do que chamava de "voz cósmica", capaz de, através das vibrações internas produzidas pelos harmônicos superiores, atuar sobre os centros nervosos adormecidos ou pouco desenvolvidos dos espectadores. Dizia querer exprimir "o patético pelo som". Para tanto, necessitava de um aparelhamento novo. As tonalidades dos instrumentos comuns não lhe eram suficientes. O instrumento lhe permitiria fugir do que ele chamava de "dimensão horizontal" da melodia e realizar em música o que se poderia denominar "dimensão vertical".

Prokófiev confirma tal consideração, com uma metáfora sugestiva, ao referir-se a esse aspecto da música de seu colega russo como "pirâmides fantásticas de acordes sem a presença de laços horizontais". Trata-se efetivamente de uma sucessão de agregados de notas em grupos dodecafônicos não repetidos sobre as quais se desenvolvem as linhas melódicas da Cruz Sonora em *glissandos* e arpejos obsedantes, que ora se confundem com a voz humana em registros agudos ora vibram em colossais ressonâncias nas regiões graves. Essa faculdade de se aproximar da voz humana ganha um particular efeito de intensificação emocional, dado que as práticas vocais não ortodoxas de Obukhov admitem as entonações e os ruidismos vocais mais diversos.

Há certamente aí uma transição do impressionismo ou simbolismo musical para o expressionismo, corrente que adquiriu força na cultura centroeuropeia dos inícios do século passado e que também afetou a arte de Schoenberg e seus companheiros da Segunda Escola de Viena e especialmente o *Sprechgesang* do autor do *Pierrot Lunaire*.

Do quanto pude ouvir do *Livro* de Obukhov (apenas o longo "Prólogo", na versão orquestral regida por Paul Daniel) e da *Jornada* de Vischniegrádski me ficou mais intensa impressão do primeiro, em que a voz se associa a recursos musicais menos tradicionais, que incluem entonações incomuns, da fala cantada às imprecações e murmúrios, em contraste com o distanciamento opressivo da narrativa declamatória *de La Journée de L'existence* que, do ponto de vista musical, não me parece ir além de sua fase pós-scriabinista e que não desperta maior interesse sob o aspecto textual. Na mesma linha do *Livro da Vida* é *O Terceiro e Último Testamento*, que existe em diversas versões manuscritas, uma delas orquestral, inteiramente preservada, datada de 1946. Cogita-se que a obra poderia fazer parte do *Le Livre de vie*, do qual, no entanto, só existem de fato manuscritos para voz e piano, como já acentuado, o que indica que a peça restou mesmo inconclusa, tendo em vista as pretensões monumentais do compositor. De Vischniegrádski me parecem muito mais instigantes as peças microtonais, como o *Étude sur les mouvements rotatoires*, op. 45a, para dois pianos em quartos de tom, e outras obras a que me referi mais extensamente no texto "Se Você Disser Que Eu Desafino…"[3]. É preciso considerar, no entanto, que se trata de obras raramente executadas, algumas incompletas e objeto de reconstituições recentes, e que *A Jornada da Existência*, apesar das revisões por que passou nas mãos do compositor, data de 1916.

Em que pese o entusiasmo com que se referem os recentes estudiosos sobre a precursão desses autores russos com relação ao método dodecafônico de Schoenberg, a escuta das obras que até aqui me foi possível mostra que eles permanecem mais próximos de um universo ultra-scriabiniano do que propriamente de uma ruptura tão radical como foi a de Schoenberg. Tal precursão é também relativa, porque, segundo Lemaitre, Schoenberg não era inteiramente desconhecido na Rússia. Em 1912, ele regera em São Petersburgo o seu *Pélleas et Mélisande*, em um concerto do qual fez parte também o Segundo Quarteto para Cordas, em que já se revelam as primeiras incursões dodecafônicas na musicalização do poema de Stefan George, "Ich fühle Luft von anderen Planeten" (Eu Sinto o Ar Que Vem de Outros Planetas). Roslavetz escreveria anos mais tarde que a audição dessas obras lhe deixara uma impressão extraordinária.

3 Ver supra, p. 35.

Outras fontes informam que Roslavetz teria sido o autor do primeiro artigo russo sobre o *Pierrot Lunaire*, de Schoenberg, o que lhe teria valido severas reprimendas da RAPP (Associação Russa dos Músicos Proletários), na década de 1920. Não há dúvida de que tanto Obukhov quanto Vischniegrádski criaram métodos autônomos para se haverem com o universo extratonal, porém o método dodecafônico schoenberguiano me parece o mais completo e consequente.

Mas para mim, é menos no desenvolvimento das harmonias atonais ou dodecafônicas do que no âmbito das novas sonoridades e das construções microtonais que se revela mais original a contribuição desses experimentalistas russos. Conta, por certo, nessa minha resposta auditiva o fato de tais composições chegarem a um maior conhecimento tão defasadas no tempo, o que dificulta o seu reposicionamento no quadro das inovações musicais da época em que foram criadas. Embora tenham contribuído com realizações de importância para o acervo da música nova e contemporânea, não modificam eles, essencialmente, o desenho de sua evolução, a não ser no tocante à exploração de novas sonoridades e combinatórias timbrísticas, na área de expansão da microtonalidade e suas poéticas.

De todo modo, surpreendeu-me a originalidade e a beleza das peças de Obukhov que pude ouvir. Descontados os vezos do misticismo obsoleto que se patenteia nos títulos e nos enredos apocalípticos, são significativas as obras ultra-scrabinianas da primeira fase e mais ainda aquelas outras em que ultrapassou o laboratório pianístico desse período e tornou mais complexas as suas composições com a intervenção de instrumental eletroacústico conjugado à voz humana em contrastes agônicos. Aí se desentranham sonoridades novas, nas quais se acresce o choque de uma colorística que se afasta dos timbres comuns conjugada à expansibilidade da voz humana. Ressalto que as sonoridades eletroacústicas da Cruz Sonora e aparatos similares são utilizadas por Obukhov sem concessões à vulgaridade ou ao repertório tradicional – como ocorreu tantas vezes na prática mais generalizada do teremim –, o que dá às suas composições mais nobre dimensão, a apontar caminhos diversos para a combinatória sonora, tal como ocorreu com o impressionante "Equatorial", que Edgard Varèse compôs entre 1933 e 1934.

A propósito, o livro-disco *Baku: Symphony of Sirens – 72 Key works of Music, Poetry and Agitprop* (documentos originais e reconstruções de obras das vanguardas russas, 2008) reelabora, a partir de anotações do seu compositor, a *Sinfonia de Sirenes*, obra idealizada entre 1922-1923 por Arseni Abraamov (1886-1944), e apresentada ao vivo nas cidades de Baku e Moscou, por essa época. Trata-se de um macroconcerto de ruídos juntando às sirenes o som de sinos e o barulho de fábricas, trens, aviões e artilharia ao lado de cantos populares e do hino da Internacional. Sem ser propriamente uma composição estruturalmente definida e consistente, como a "música-máquina" de *Zavod* (Aço), de Alexander Mossolov, criada entre 1926-1927, esse pré-*happening* coletivo ruidístico impressiona pela radicalidade e pela proporção, ainda que tenha sido precedido pelos *intonarumori* do futurismo italiano. Bem ou mal, antecipa as sirenes de Varèse, ainda que fique longe da altitude da obra deste compositor. Nos CDs anexos a essa publicação podem-se ouvir ainda, além da composição de Mossolov, gravações raras de Maiakóvski, Lilia Brik, Khrutchônikh, Iessiênin, Akhmátova, Mandelstam, Jakobson e outros dizendo poemas. Tudo isso se ouve, dispersamente, no YouTube.

É de esperar que a obra de Obukhov, assim como a de outros compositores, insulados na URSS ou exilados do país "que dizimou seus artistas", continue a ser redescoberta e divulgada e nos traga maior claridade sobre a marginalização e o mistério de sua música.

14.

Poemúsica – Ouver Estrelas

"Você radiografou a minha cabeça", eu disse a Caetano Veloso em 1973, em sua casa em Salvador, quando ele gravou "dias dias dias", do ciclo *Poetamenos*, de poemas polivocais em várias cores, composto vinte anos antes. Melhor diria: "radiogravou"... Música-e-letra é o normal da canção popular. Mas música-e-poema – comum na música erudita – é uma combinação esquisita no âmbito da canção popular. O que Dick Higgins chamou de "intermídia" – conjunção de linguagens disparates. "Mistura adúltera de tudo" – diria Tristan Corbière.

As inovações trazidas pela poesia concreta – fragmentação de palavras, espacialização dos textos, ênfase em valores sonoros (paronomásias, aliterações) e visuais – despertaram, nos anos de 1960, o interesse de alguns poucos "músicos contemporâneos" brasileiros (como Gilberto Mendes e Willy Correa de Oliveira), que procuraram encontrar isomorfismos estruturais para as composições que fizeram sobre nossos poemas – "beba coca cola" e "um movimento", de Décio Pignatari; "nasce morre", de Haroldo de Campos; "Vai e Vem", de José Lino Grünewald; dentre as mais notáveis. Desde 1954, Décio, Haroldo e eu frequentávamos, ao lado de músicos como Diogo Pacheco e Julio Medaglia, as aulas / conferências de J.H. Koellreuter, do qual Damiano Cozzella era assistente, na Escola Livre de Música, na Rua Sergipe, em São Paulo. Após uma conferência de Pierre Boulez, ainda muito jovem, fomos com ele ao apartamento do pintor Waldemar Cordeiro e fizemos até uma leitura a várias vozes de um dos poemas em cores de *Poetamenos*, três dos quais acabaram sendo apresentados, a quatro vozes, em dois espetáculos no Teatro de Arena, em São Paulo, já sob o titulo de "poesia concreta", em 1955, pelo grupo de música Ars

Nova, dirigido pelo maestro Diogo Pacheco. E, antes de se tornar uma antologia dos números anteriores, acrescentada pela contribuição de José Lino Grünewald, o nº 5 da revista-livro *Noigandres* chegou a ser imaginado como um disco-livro – um livro sob a forma de LP, que incorporaria leituras nossas e já contava com gravações com a interpretação de alguns de nossos poemas por um grupo coral regido por Julio Medaglia, das quais ainda existem partituras e gravação.

Junto com a música popular brasileira, ouvíamos, no início dos anos de 1950, Webern, Schoenberg, Berg, Cage e Varèse. Billie Holiday, Dizzy Gillespie e Miles Davis. Quando João Gilberto chegou, em 1958, foi logo entendido. Era o Webern "cool" da canção brasileira. Essa informação musical foi fundamental para uma poesia que se pretendeu, desde o início, verbivocovisual, expressão que extraímos do *Finnegans Wake* de James Joyce. Embora a sua face mais chamativa fosse a visual, a verdade é que a poesia concreta brasileira formou-se sob a influência da música, e foi cantofalada, antes de exposta, entrequadros, nos cartazes da exposição do Museu de Arte Moderna, em dezembro de 1956. Substituíamos a declamação tradicional de poemas pelo que chamávamos de "oralização".

A evolução das estruturas musicais, naturalmente mais lenta no quadro da música popular, parecia não poder dar conta da sintaxe radical da poesia concreta. Entretanto, pós-Tropicália, Caetano Veloso abriria uma nova e inesperada senda, ao interpretar o poema "dias dias dias", tantos anos depois de sua feitura, combinando deformações sonoras, citações metalinguísticas (Webern e Lupicínio), colagens e superposições vocais. Interpretação extraordinária. A gravação foi parar num disquinho vinil de $33^1/_3$ rotações no livro-objeto *Caixa Preta* (1975), que fiz com Julio Plaza, complementada pelo "Pulsar", também na interpretação de Caetano. Mais adiante, "Circuladô", sobre texto de Haroldo, e mais recentemente "Ão", em composição de Aldo Brizzi, adicionaram novas formas à sua "transcriação" musical da poesia experimental. Com sua prodigiosa intuição, Caetano usou apenas três notas, na tessitura de uma nona, para dar vida sonora ao "Pulsar" – um método muito semelhante ao que, sem que ele tivesse disso conhecimento, John Cage adotara para musicar poemas de Cummings e textos do *Finnegans Wake*, de Joyce.

Partitura de Julio Medaglia para poemas concretos (começo dos anos de 1960).

```
f                 sol                      sol                    sol
m
m                                   rua  rua              rua            rua         rua  rua
m     rua  rua  rua                 rua  rua  rua  rua    rua  rua  rua  rua
m                                                         rua  rua  rua  rua

      sol                                         ruas
            rua  rua  rua                  rua  rua  rua  rua
      rua  rua  rua  rua                   rua  rua  rua  rua
      rua  rua  rua  rua                   rua  rua
      rua  rua  rua  rua                   rua  rua


s     som            côr                          som            côr                        som
b           sem               sem                       com            com
c                 côr               som                       som            côr

            côr          côr          com          côr          som   som   côr   som        côro
      sem            sem          som          côr          com       côr                      côro
            som                côr                                     côr   som   côr          côr


cr branco      branco      branco      branco    branco    branco      branco      branco      branco
s                                               vermelho
c                                                                                          es tanco ver
b


   branco     branco     branco     branco     branco     branco     branco     branco
   melho
                                  es pelho ver melho
                                                                    es tanco       branco


   branco                                  branco                                    branco
        ver melho
                  es tanco                                 ver melho
                                                                    es pelho


                                           branco


        ver melho
                  es tanco
                                                                          branco


                        branco     branco     branco     branco
                        vermelho
                        estanco    vermelho
                                   espelho    vermelho
                                              estanco    branco


v    v    v    v    ve  lo  ci  da  de
v    v    v    v ve  lo  ci  da  de
v    v    v    v ve  lo  ci  da  de
v    v    v ve  lo  ci  da  de
     v    ve  lo  ci  da  de
     v ve  lo  ci  da  de
```

A música popular respondeu mais rapidamente às traduções criativas, de sintaxe regular – um desdobramento das nossas práticas de materialização da linguagem, desde, por exemplo, "Elegia", do barroco Jonh Donne, musicada por Péricles Cavalcanti e interpretada por Caetano e por ele. Com relação aos textos propriamente experimentais, a-sintáticos, ou para-sintáticos, só a partir da década de 1980 voltaram a propiciar abordagens novas, em produções como as de Arrigo Barnabé, e mais sistematicamente no trabalho que fiz com Cid Campos, que produziu e musicou o CD *Poesia É Risco* e o CD-ROM de meus "Clip-Poemas", anexo ao livro *Não* (2003), e ainda incluiu em discos solo como *No Lago do Olho*, *Fala da Palavra* e *Criança Crionças*, numerosas "transcriações" sonoras de poemas experimentais. Entre elas, a do poema visual (também animado digitalmente) publicado na quarta-capa do livro *Não*, como que a sair dele para o universo digital. Refiro-me a "Sem Saída", que Cid gravou em *Fala da Palavra* e Adriana Calcanhotto no CD *Maré*. Adriana, sensível e sofisticada como é, tem-se interessado por essa conjunção estranha com a poesia experimental e acolhido, em seus discos e shows, textos dessa natureza, além de se haver interessado pela poesia provençal do século XII, a partir da minha tradução da "Canção II" de Arnaut Daniel (Chanson do il mot son plan e prim / Canção de amor cantar eu vim.), publicada nos livros *Mais Provençais* e *Invenção – de Arnaut Daniel e Rimbaut d'Aurenga a Dante e Guido Cavalcanti*.

A conversão dos textos poéticos, de intrínseca musicalidade vocabular, em canções melodizadas ou sob tratamento sonoro, é sempre um desafio, qualquer que seja a estratégia que venha a ser escolhida, seja ela a linguagem transtonal da música contemporânea, ou a dominantemente tonal da música popular ocidental. No texto "Cummings Entre Músicos"[4] eu comparava algumas modalidades diversas de abordagem dos textos tipográficos mais experimentais do poeta E. E. Cummings – as dos compositores modernos Cage, Feldman, Berio e Boulez, todas elas realizações significativas. As mais antigas, dos anos de 1940, de John Cage, adotaram uma fórmula minimal e ascética da linha

4 Ver supra, p. 95.

melódica: duas a cinco notas em tessituras curtíssimas e escala penta-tônica, que as aproximam da fala. É o caso de "Forever and Sunsmell", de Cummings e de "The Widow of the 18th Springs", do *Finnegans Wake* de James Joyce. Já Feldman, ao musicar quatro dos mais arrojados poemas de Cummings como "air" e "!blac" – a composição é da sua primeira fase – adotou melodias webernianas e pontilhistas, com grandes saltos da altura, para pontuar fonicamente os estilhaçamentos da linguagem visual de Cummings, o que torna o entendimento do poema menos viável, apesar da beleza e do isomorfismo da linguagem musical. Pierre Boulez, optando pelo poema "birds" na composição "Cummings is der Dichter" (Cummings é o Poeta), um dos poemas mais radicais e espaciais de Cummings, parece não se importar com o fato de que as massas corais que utiliza bloqueiem o entendimento do poema. Isso está de acordo, aliás, com o pensamento que manifesta no estudo "Som e Verbo", segundo o qual não estaria interessado em disputar com a musicalidade intrínseca dos textos, antes os tornaria como propulsores de ideias estruturais para a sua música. Ele parece pressupor que o ouvinte deva conhecer o texto ou tê-lo à mão ao ouvir a música. Mesmo assim, o poema é dificilmente compreensível. Em *Pli selon pli*, Boulez musicaliza um soneto de Mallarmé – e não o mais arrojado e espacial "Un Coup de dés" – embora tanto este quanto o esboço de livro permutável, "Livre", que o poeta deixou incompleto lhe sirvam de inspiração musical. Diferentemente de todos os outros, Luciano Berio, em "Circles", dá aos poemas de Cummings a dimensão de uma cantata. Sem perder de vista a clareza da enunciação vocabular e seu entendimento, enfatiza, detalhisticamente, a característica atomização vocabular de Cummings. Numerosos instrumentos de percussão respondem gestualmente às provocações do texto, articulando e desarticulando o discurso musical em fase com o discurso verbal.

Essas abordagens, todas importantes, desenham um quadro de contradições não antagônicas que mapeia o campo, no âmbito da música contemporânea, e pode servir de subsídio à discussão de outras tentativas que, no Brasil, passaram a constituir itens também relevantes para a poesia concreta e experimental. Mais próxima da fala, a música popular – nem sempre tão popular – e muitas vezes já utilizando processos sofisticados de composição eletroacústica, se aproxima das composições que deixam os textos inteligíveis, quando não os utiliza em sua integridade, acolhendo até mesmo a sua leitura original ou explorando as suas virtualidades de multileitura. Quando Cage esteve em São Paulo, em 1985, eu tive oportunidade de fazer com que ouvisse o poema "Pulsar" na versão de Caetano, sincronizada com uma animação vídeo-digital, e ele manifestou-se entusiasmado por ela. Nas antípodas da posição de Boulez, colocam-se tanto o Ezra Pound, músico, da ópera *O Testamento de Villon*, como o seu suposto antagonista Virgil Thomson, o compositor da ópera *Quatro Santos em Três Atos,* de Gertrude Stein[5]. Ambos preferiram abordagens não ortodoxas que se aproximavam muito mais da ideia de fazer entender os textos e a sua musicalidade intrínseca. Thomson usou canções elisabetanas, valsas e até hinos do exército da salvação para captar, com grande nitidez de articulação, as palavras não senso dos "santos" de Gertrude Stein. Pound apoiou-se nas linhas melódicas dos trovadores medievais – que sabiam como poucos casar palavra & melodia – para compor a sua ópera anti-bel canto, de instrumentação insólita e fragmentária, mas dominantemente homofônica, para sublinhar a prosódia musical e o significado dos textos. Sua pretensão era a de que a música não perturbasse a compreensão da poesia de François Villon. Numa carta à sua colaboradora, a musicóloga Agnes Bedford, ele dizia: "primeiro princípio, NADA que interfira com as palavras ou com a máxima clareza do impacto das palavras nos ouvintes".

No caso brasileiro, com certa analogia, complexos textos barrocos de Gregório de Mattos, John Donne, Quirinus Kuhlmann e modernos-experimentais como os de Rimbaud e Cummings foram assimilados pela linguagem oralizada da música de consumo, ou de "produssumo", para usar a expressão de Décio Pignatari.

Se é fato que, usualmente, a "letra" poética da música popular, de mais fácil assimilação, não tem a mesma densidade da poesia escrita, é também verdade que esta, da mesma forma, não tem em vista, em geral, a sua melodização e musicalização. É evidente também que a

---

5 Ver "A Música da 'Geração Perdida' " e "*O Testamento* de Ezra Pound: Uma Antiópera", em *Música de Invenção*, p. 23 e 27 respectivamente.

mais alta música erudita moderna nem sempre optou por textos de alta qualidade poética – o que ocorre mesmo nas radicais composições de Schoenberg e Berg, e até de Webern. Este, utilizando poemas de Hildegard Jone – que Boulez chamou, implacavelmente, de Goethe-de-segunda-categoria – deu um tratamento especial às palavras e, recortando o texto tradicional num arquipélago de ilhas-substantivos, conseguiu o milagre de metamorfoseá-lo em melodias pontilhistas de-timbres em suas últimas cantatas. De outro lado, Stravínski conseguiu tornar irreconhecível o belo poema de Dylan Thomas, "Do Not Go Gentle Into that Good Night". É muito relativo, pois, o tipo de abordagem que se faz na estranha mixagem entre poesia e música. Numa época em que, como já profetizava John Cage no seu ensaio "O Futuro da Música", a música erudita e a popular utilizam os mesmos meios compactados no veículo eletrônico, as diferenças importam menos que a criatividade e a habilidade em assimilar o espírito da coisa, a alma da forma compatível, que é ainda um mistério de mídia e médium – intermidiúnico.

Parece-me que a ideia de uma homologia estrutural estrita entre poesia e música, que prevalecia nos anos de 1960, se atenuou muito. No meu modo de ver, deu-se a partir das últimas décadas uma hibridização de estratégias compositivas e o campo das poéticas experimentais se abre, hoje, sem preconceitos, a vários tipos de abordagem musical. O CD intitulado *Verbivocovisual* que foi produzido por Cid Campos para a exposição "Poesia Concreta – O Projeto Verbivocovisual" (apenso ao livro-catálogo da mostra, ocorrida em agosto de 2007 no Instituto Tomie Ohtake) e cujas peças podem ser ouvidas no *site* <www.poesiaconcreta.com.br>, misturando abordagens da poesia experimental a partir da música erudita e popular, documenta significativamente essa reflexão. Abre-se um amplo campo de possibilidades, que às vezes surpreende ao resgatar a poesia do olvido massacrante a que a relegam e ao extrair a música popular da mesmice consumista a que a produção de massa a quer ver limitada.

O Estado deSão Paulo", 20-11-1955

dilza de freitas borges
floramy pinheiro
maria josé de carvalho
rosmarie luethold
alfredo alves
carlos augusto de araujo britto
claudio petraglia
diogo pacheco
egon lementy
klaus-dieter wolff

teatro de arena
21/11   21:00

VERBIVOCOVISUAL
a poesia concreta em música

anton webern	côro final da cantata op. 31
augusto campos	três poemas:
	lygia finge | rs
	eis os amantes
	nossos dias com cimento
damiano cozzella	três canções sôbre poemas de amores, de ovidio
ernst mahle	et ostendit mihi
gregoriano	te deum
	gradual: christus factus est pro nobis
anônimo	deo confitemini — comino
adam de la halle	je muir, je muir d'amourette
	hareu, li maus d'amer m'ochist
	dame, or sui trais
	dieus soit en cheste maison
	diex, comment porroie

VERBIVOCOVISUAL
a poesia concreta em música

1. **um movimento vivo** willy corrêa de oliveira · décio pignatari 2. **motet em ré menor - beba coca-cola** gilberto mendes · décio pignatari 3. **nascemorre** gilberto mendes · haroldo de campos 4. **vai e vem** gilberto mendes · josé lino grünwald 5. **dias dias dias** caetano veloso · augusto de campos 6. **tensão** cid campos · augusto de campos 7. **life** cid campos · décio pignatari 8. **noigandres i e ii - hombre hambre hembra** josé augusto mannis · décio pignatari 9. **velocidade** cid campos · ronaldo azeredo 10. **espaço dos mistérios** conrado silva · haroldo de campos 11. **cidade city cité** cid campos · augusto de campos 12. **tudo está dito** arrigo barnabé · augusto de campos 13. **circuladô de fulô** caetano veloso · haroldo de campos 14. **pulsar** caetano veloso · augusto de campos 15. **crisantempo** cid campos · augusto de campos 16. **noosfera/terra** lívio tragtenberg · décio pignatari 17. **ão** edo... 18. **drácula** tiago araripe · décio pignatari **torto** edvaldo santana · haroldo de campos 20. **ode primitiva** péricles cavalcanti · haroldo de campos

Ⓟ 2007 Fabricado por Sonopress-Rimo Ind. e Com. Fonográficos Ltda. CNPJ: 67.562.884/0001-49 - Rua Dr. Edgard Teotônio Santana, 351 - B. Fundo - São Paulo SP - Indústria Brasileira - Representada pela MCK Comercial e Representação Fonográfica Ltda. Rua Lopes Chaves, 240 SP (11) 3664-2055 - www.mck.com.br

poesia concreta
o projeto verbivocovisual

curadoria:
cid campos, joão bandeira, lenora de barros e walter silveira
www.poesiaconcreta.com.br

Entrevista de Augusto de Campos
a J. Jota de Moraes
Sobre Música de Invenção[1]

Em Balanço da Bossa, *de 1968, você reuniu uma série de textos, inclusive de outros autores, propondo uma visão inovadora e polêmica tanto da Bossa Nova quanto do Tropicalismo. Depois, ao acrescentar ...E Outras* Bossas *ao título desse livro, em 1974, você abriria o leque de seus interesses musicais, pelo menos do ponto de vista público. Aí você foi do comentário de concerto de vanguarda "erudita" a um balanço da intervenção do norte-americano Charles Ives (1874-1954) e a um ensaio-colagem que estabelecia um paralelo entre João Gilberto e Anton Webern (1883-1945). Sim, é verdade que seu livro de poemas* Poetamenos, *do início da década de 1950, já revelava o seu profundo amor pela música de alto repertório. Mas, ao menos do ponto de vista da publicação de ensaios, parece ter existido um caminhar do popular ao erudito. Concorda com isso?*

Na verdade, o meu interesse pela música moderna e contemporânea antecede muito as minhas especulações sobre a música popular. A minha formação musical é erudita. Basta ver o artigo "Boulez – Bilis – Bento", que republico no meu livro e que apareceu no *Jornal do Brasil* em 10 de março de 1957. Antes disso, já os manifestos e textos da poesia concreta continham numerosas referências a Webern, Schoenberg, Boulez, Stockhausen. Faltou oportunidade para escrever mais especificamente sobre a música contemporânea. Em suma, eu vim desta para a música popular e não o contrário.

Será que, no fundo, o atual panorama da música popular brasileira não interessa mais a você? A seu ver, o que efetivamente teria valido a pena, nesse âmbito, na produção pós-tropicalista?

Do "Ars Nova" ao verbivocovisual. Programa do Festival "Ars Nova" (1955). CD da exposição "Poesia Concreta – o Projeto Verbivocovisual" (Instituto Tomie Ohtake 2007)

(acima e nas páginas seguintes) Flip Janis Cage.

1 Publicada no *Jornal da Tarde*, São Paulo, 31 de janeiro de 1999.

De fato, o meu interesse pela música popular brasileira arrefeceu bastante. Gosto de música popular, como todo mundo. Mas o meu interesse primordial é pela música de invenção, e o que me mobilizou, especialmente no caso de João Gilberto e do Tropicalismo, foi a renovação musical que empreenderam e a tensão criativa que então vislumbrei entre o que faziam e as novas linguagens da música e da poesia. Do momento em que a música popular se estabilizou e começou a se repetir, a se embelezar, ou a só divertir, perdi o interesse. Ao mesmo tempo, a necessidade de lutar pela compreensão e divulgação da música contemporânea me pareceu muito mais urgente e prioritária. Não me sinto habilitado a opinar sobre os caminhos mais recentes da música popular, que já não acompanho tão de perto, mas certamente, além do trabalho sempre refinado e sutilmente renovado de Caetano, continuo a apreciar aqueles que, de Arrigo a Arnaldo, se mantêm abertos à aventura e à experimentação.

Em Música de Invenção, *você constata que o público ignora a produção daqueles artistas que fizeram tudo "para alargar o horizonte da nossa sensibilidade e levar a indagação musical aos seus últimos limites". De fato, diferentemente da pintura, por exemplo, existe um abismo entre o público e o melhor da arte musical do século XX. A que você atribui tal divórcio?*

Não é de hoje que se fala do divórcio entre o público e a música contemporânea. Mas Varèse já dizia: "Como falar em divórcio, se nem houve casamento?" Na verdade, a mídia, movida pelo mercado, nega sistematicamente espaço à música contemporânea, no pressuposto de que ela interessa a poucos, não vende. Estações de rádio, publicações e concertos de música erudita reservam espaço mínimo para a música contemporânea – 5%, de suas programações, segundo os cálculos de George Steiner, na década de 1970. Acuados pela mídia e pelo público, intérpretes, maestros e orquestras se amedrontaram e só programam música clássica e romântica, de preferência a mais surrada, ou arranjos de música popular. Já as artes visuais tiveram mais sorte. Os quarenta anos da Bienal e dos Museus e as grandes retrospectivas fizeram com que Picassos e Dalis não assustassem mais ninguém. Não foi à toa que Oswald de Andrade chorou quando visitou a Segunda Bienal, no Ibirapuera, em 1954.

A seu ver, por que a música tonal exerce tanto fascínio sobre o público? Será que nossa sensibilidade musical continua sendo basicamente romântica?

Acho que é acima de tudo questão de hábito e de educação. Música oriental, baseada em outras escalas ou em microtons, mesmo extremamente "romântica", pode soar grotesca, risível ou sem sentido a ouvidos desabituados e preconcebidos. O ocidental é bombardeado, do berço à tumba, por música tonal e convencional. Não é educado para ouvir música como forma de conhecimento e experimentação, mas só como "música ambiente", para dançar ou namorar, ou como culto do passado. Se não reagir, e sucumbir à preguiça auditiva, vai ficar escravo de estereótipos, fora dos quais não reconhece beleza nem interesse. Um mínimo agitar da inteligência, no entanto, o faria descobrir experiências riquíssimas no *raga* microtonal hindu, ou na polirritmia africana, para só mencionar música que envolve amplas audiências locais. É preciso deixar de usar os ouvidos como aqueles "coxins de complacência" de que falava Ives e aprender a "ouvir as pedras", como pregava Luigi Nono, para regenerar a escuta e não virar um paralítico auditivo.

No capítulo "Palavra e Música", você carrega o leitor, de maneira bem instigante, dos poetas-músicos da Provença medieval ao modernismo do Pierrot Lunaire *de Arnold Schoenberg (1874-1951). Aí, inclusive dá gosto reler suas belíssimas traduções para o português dos poemas empregados no* Pierrot. *Mas, às tantas, você se refere ao "sempre prolixo Mário de Andrade, travestido de musicólogo". Não seria essa uma apreciação excessivamente severa do trabalho desse nosso artista?*

É possível. Mas a minha impaciência com Mário provém da sua atuação confusa e deletéria no campo da ideologia musical. Ele foi o maior responsável pela onda nacionalista, que atrasou por muitos anos a música moderna brasileira. Pode ter méritos como pesquisador do nosso folclore, mas sempre foi parlapatão e sentimentaloide. E como teórico musical foi um desastre. Não é outra

a visão de Gilberto Mendes, em seu estudo sobre a música brasileira, na coletânea *Modernismo*, da Perspectiva, onde aponta o que chama de "visão deformada" de Mário, e assinala a "nefasta coincidência" do seu pensamento com o de Jdanov, citando trechos do "Ensaio sobre Música Brasileira", em que o poeta propõe que certa obra "antinacionalista" seja repudiada, "que nem faz a Rússia com Stravínski e Kandínski". Indefensável. A condescendência com que Mário sempre foi tratado nos meios acadêmicos torna ainda mais justificáveis as minhas ironias, embora, em outra passagem, eu até o elogie por sua boa formulação sobre o *Pierrot* – "quase música", como ele diz. Como vê, sei reconhecer também os acertos do grande autor de *Macunaíma*, livro que, não por acaso, Oswald queria desapropriar em benefício dos "antropófagos" mais radicais...

Na segunda seção de Música de Invenção *– "Radicais da Música" – são vistas de perto personalidades como as de Anton Webern, Edgar Varèse, Walter Smetak e Erik Satie. Para você, no século XX, "invenção" rima com "marginalidade"?*

A história não diz outra coisa, e, por certo, não só no século XX. Mas a biografia dos grandes inventores desse século, e inclusive de alguns mestres não tão radicais, como Bartok, que morreu na miséria, tende ao martirológico. Marginalizados pela maioria dos seus contemporâneos, que não souberam ouvir a música do seu tempo, eles viveram, em diversos graus, uma espécie de "morte civil", com suas obras pouco executadas, recusadas, vaiadas, proibidas. Algumas vezes só passaram a ser divulgados quando já tinham mais de setenta anos, como foi o caso ainda recente de Scelsi, Nancarrow e Ustvólskaia. Nem a poesia, também marginal em nosso tempo, esteve tão à margem. "À margem da margem", para usar a expressão lapidar de Pignatari.

Você não é músico nem musicólogo. Música de Invenção, *entretanto, prova de maneira cabal que, além de ser um apaixonado pela música de nosso tempo, você sempre mantém alertas suas antenas perceptivas, permanentemente voltadas para a localização do novo. Em "Musicaos", John Cage (1912-1992) é visto de maneira a um só tempo amorosa e compreensiva. Esse músico americano foi um homem de ideias, um poeta, um calígrafo e, entre outras coisas, compositor de obras abertas. Na sua longa convivência mantida com ele, o que você extrairia de verdadeiramente fundamental para a arte do nosso tempo?*

Cage tem um encanto especial para os poetas porque é também poeta e artista multidisciplinar. Assim, suas ideias extrapolam os aspectos musicais para suscitarem outras indagações. Ainda que se possam discutir e mesmo refutar alguns de seus conceitos, como o faz Pierre Boulez, especialmente no tocante à indeterminação total da obra musical, ele, além de grande músico, é um dos maiores e mais influentes agitadores culturais da segunda metade do século. Suas ideias e intuições sobre o acaso, antecipando aspectos da teoria do caos, sua proposta de disciplina do ego, renegando o egocentrismo e o confessionalismo, suas especulações sobre o silêncio o ruído, sua abertura sem limites para as várias mídias, inclusive a digital, são essenciais. Além disso, era uma personalidade encantadora, capaz de derrubar muros com um sorriso, e sua música, se não é sempre tão encantadora como as *Sonatas e Interlúdios Para Piano Preparado*, é sempre uma provocação que nos faz pensar.

Na seção "Pós-Música", onde você aborda personalidades distintas como as de Scelsi, Cowell, Nancarrow, Ustvólskaia, Antheil e do derradeiro Luigi Nono, são privilegiados principalmente a materialidade sonora e os procedimentos – e não os processos – da composição. Por que a sintaxe musical, base da linguagem da chamada "arte dos sons", é aí deixada em um relativo segundo plano? Para você, o "acaso" seria mais importante que a "necessidade"?

Não é fácil tomar pé nos caminhos da "pós-música", a música que sucedeu às décadas de hegemonia "estruturalista" (de 1950 a 1970). Então, o dodecafonismo, expandido a todos os parâmetros musicais, no "serialismo total", oferecia uma base mais sólida para detectar os processos composicionais em voga. Com o desprestígio da conduta estruturalista, foi assumindo primeiro plano uma exploração mais intuitiva, menos predeterminada, dos sons enquanto sons, que passou a privilegiar efetivamente matéria e procedimento, e

caminhou das macroestruturas para as microestruturas e dos esquemas abstratos para a concreticidade sonora. Nancarrow, por exemplo, pode usar séries ou não, citações jazzísticas, e até indeterminação em suas composições, mas o que lhes dá a sua marca pessoal é a combinatória única de andamentos múltiplos simultâneos com a timbrística ácida e febricitante das pianolas, uma mistura explosiva que resulta nas cataratas sônicas dos seus breves Estudos, frutos de meses de paciente elaboração. Já Scelsi trabalha com os harmônicos superiores das notas, preocupa-se mais com as microvariantes do som do que com a organização das alturas musicais, afirmando que é preciso ir ao coração do som, do contrário não se é músico, é-se apenas artesão. As dissonâncias brutais acopladas aos máximos contrastes timbrísticos e dinâmicos constituem, mais do que a sintaxe musical, fragmentária e evasiva, o traço distintivo de Ustvólskaia, "a dama do martelo", e são, no fundo, o grito sem voz com que ela denuncia o tacão stalinista. Nono parece explorar os buracos negros do universo sonoro, com o voo livre de sua *live electronics* e das quase-vozes dos seus instrumentos, para tatear a "lonjura nostálgica utópica futura". É difícil explicar, sem um detalhamento técnico acurado, os seus processos composicionais. Para isso existem monografias especializadas como a de Kyle Gann, *The Music of Colon Nancarrow*, com análises minuciosas de partituras. Mas ninguém dirá que os artistas mencionados não são artistas dos sons. Suas obras são extremamente originais, e não se apoiando mais em sistemas ortodoxos, resistem às abordagens esquemáticas, embora proporcionem uma intensa experiência sensorial e emocional. Mas o que mais me importa é a revolução permanente, a insubordinação a cânones preestabelecidos, a abertura para o desconhecido. A questão da música é, para mim, essencialmente, uma questão ético-estética. Música não para fazer dormitar ou só divertir mas para "despertar o ouvido". Nono: "Ouvir as pedras". Scelsi: "Não diminuir / o significado / do que não se compreende".

Que isto não soe como cobrança. Mas por que a música brasileira de alto repertório tem um espaço tão reduzido em seu livro?

Quando terminei de reunir os artigos do meu livro, percebi que quase todos os músicos sobre os quais eu escrevera já estavam mortos. Duas únicas exceções, Ustvólskaia, que este ano completa oitenta anos, e Boulez, 74. *Música de Invenção* trata de alguns dos "santos e mártires" radicais da música de nosso tempo, dentre os mais esquecidos e marginalizados. Não chega a mapear sistematicamente a produção da música moderna e contemporânea, nem daqui nem de fora. O Brasil está representado por Walter Smetak (1913-1984), que hoje sequer tem um disco disponível na praça. É claro que alguns outros – poucos – compositores brasileiros, como Gilberto Mendes (a quem me refiro no livro, com admiração, como o "heroico e jovial decano da nossa Música Nova") mereceriam estar nesse contexto, no qual Villa-Lobos caberia mal. Mas a música brasileira de invenção está tão pouco documentada, gravada e estudada, que às vezes faltam elementos informativos para uma abordagem nova e diferenciada de suas obras. De resto, o grupo da Música Nova, de que estive mais próximo, viveu uma dilacerante crise intestina, com alguns dos seus compositores mais expressivos como Damiano Cozzella e Rogério Duprat renunciando à composição e Willy Corrêa de Oliveira renegando a própria vanguarda. Nos últimos anos, a guinada regressiva para Eisler, Shostakóvich e Cornelius Cardew, acoplada aos vilipêndios contra Webern e Cage, me distanciou, ao passo que a revelação da música radical de Scelsi, Nancarrow, Nono, Ustvólskaia, os dois últimos em franca oposição ao antiestalo de Stálin, veio confirmar o quanto alguns dos nossos melhores compositores dessa área se apartaram dos caminhos mais instigantes da nova música. É uma história complicada, perturbadora do ponto de vista afetivo, e que não tenho vocação para escrever.

este livro foi impresso em cotia,
nas oficinas da meta brasil,
para a editora perspectiva